中等职业教育劳动教育教材

"互联网+"新形态立体化教学资源特色教材

青少年劳动教育

——"培技育德"双元驱动劳动教育课程

主　编　彭利荣　冯子川

副主编　叶树人　廖维光　肖　忠

中国轻工业出版社

U0825479

图书在版编目（CIP）数据

青少年劳动教育："培技育德"双元驱动劳动教育课程 / 彭利荣，冯子川主编. —北京：中国轻工业出版社，2022.7
ISBN 978-7-5184-3822-8

Ⅰ.①青… Ⅱ.①彭…②冯… Ⅲ.①劳动教育—中等专业学校—教材 Ⅳ.①G40-015

中国版本图书馆CIP数据核字（2021）第280165号

责任编辑：李　红　　责任终审：李建华　　整体设计：锋尚设计
策划编辑：李　红　　责任校对：吴大朋　　责任监印：张　可

出版发行：中国轻工业出版社（北京东长安街6号，邮编：100740）
印　　刷：艺堂印刷（天津）有限公司
经　　销：各地新华书店
版　　次：2022年7月第1版第1次印刷
开　　本：889×1194　1/16　印张：8
字　　数：240千字
书　　号：ISBN 978-7-5184-3822-8　定价：49.80元
邮购电话：010-65241695
发行电话：010-85119835　传真：85113293
网　　址：http://www.chlip.com.cn
Email：club@chlip.com.cn
如发现图书残缺请与我社邮购联系调换
210886J3X101ZBW

前言

2020年3月20日，中共中央国务院印发《关于全面加强新时代大中小学劳动教育的意见》。如今，劳动教育的春风吹遍了全国。

一直以来，中山市沙溪理工学校作为一家职业教育学校，高度重视劳动教育。2018年开始，中山市沙溪理工学校根据校情与乡情，结合中小学生劳动教育的需求，设计出具有传统文化与当地产业岗位技能相融合的课程，开发了适合本校的劳动教育校本教材，以此来提升学生的劳动知识与技能，引导学生树立正确的劳动观，以及崇尚劳动、尊重劳动，增强对劳动人民的感情。整套课程和教材突出了“培技育德”双元驱动的特色，具有4个特点：第一，落实了立德树人的根本任务，形成了“培技育德”双元驱动劳动教育课程价值观；第二，传承和弘扬了优秀传统文化，课程中当地产业岗位技能与当地传统文化高度融合；第三，政企校联动搭建平台，建成劳动教育共同体；第四，劳动教育教材本土化，辐射当地中小学劳动教育。

近三年来，我们的“培技育德”双元驱动劳动教育课程取得了明显成效。课程与岗位、教学与创业对接，助力乡村振兴人才储备。学生通过我们的劳动课程深入了解了当地文化，在心中埋下“爱学校、爱家乡、爱祖国”的种子，最终收获了文化自信。

中山市沙溪理工学校

党委书记、校长

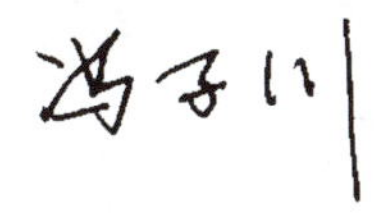

目录

第一章　传统文化 …………………………………… 7

第一节　汉服文化 ………………………………… 7

一、汉服文化简介 ………………………………… 7
二、《汉服衣物》不织布 ………………………… 12
三、《汉服发冠》缠花 …………………………… 18
四、《汉服发簪》缉珠花 ………………………… 25
五、《汉服发簪》仿点翠 ………………………… 32

第二节　广东粤剧 ………………………………… 37

一、广东粤剧简介 ………………………………… 37
二、《粤剧面谱》剪纸 …………………………… 41
三、《粤剧面谱》不织布 ………………………… 45
四、《粤剧头饰》片子石 ………………………… 49

第三节　中山民俗 ………………………………… 54

一、中山沙溪四月八 ……………………………… 54
二、《四月八——醒狮》刺绣 …………………… 55
三、《四月八——舞龙》衍纸 …………………… 60
四、中山沙溪鹤文化 ……………………………… 67
五、《鹤文化——鹤蚌相嬉》刺绣 ……………… 68
六、《鹤文化——瑞鹤祥云》衍纸 ……………… 72
七、《鹤文化——鹤戏流云》滴胶 ……………… 78
八、《鹤文化——鹤戏人间》折纸 ……………… 83

目录

第二章　红色文化……………………………… 87

第一节　红色精神……………………………… 87

一、红色精神简介 …………………………………… 87
二、《红船精神》拼贴画 ……………………………… 88

第二节　广东红……………………………… 91

一、红色广东 ………………………………………… 91
二、《艰苦岁月》拼贴画 ……………………………… 94

第三节　中山抗日……………………………… 98

一、中山抗日简述 …………………………………… 98
二、《忆苦思甜》剪纸 ……………………………… 101

第三章　非遗技艺……………………………… 107

第一节　粤绣……………………………… 107

一、粤绣简介 ………………………………………… 107
二、珠绣胸针 ………………………………………… 110
三、珠绣T恤 ………………………………………… 113

第二节　皮雕……………………………… 116

一、皮雕简介 ………………………………………… 116
二、《唐草相间》皮雕钥匙扣 ……………………… 117
三、《云鹤逐月》皮雕杯垫 ………………………… 121

参考文献……………………………… 125

第一章 传统文化

PPT课件

第一节 汉服文化

一、汉服文化简介

汉服文化是反映儒家礼典服制的文化总和，通过祭服、朝服、公服、常服以及配饰体现出来。汉服文化是非常成熟并自成体系的千年文化。中国又称“华夏”，这一名称的由来就与汉服有关，中华文明重衣冠礼仪。古人对于衣冠的重视，甚至上升到民族与文化认同的高度。汉服，贯穿了中华民族的历史长河，承载了深厚的文化积淀和历史底蕴，演绎着中华传统的审美意蕴和中国古代的传统美学思想。作为民族精神的象征，汉服对华夏文明的传承有着极为重大的意义。

图1-1-1 穿着汉服的轩辕黄帝像（明人绘）

汉服，又称汉装、华服、汉衣冠，是华夏（汉）民族习惯穿着的服饰，也指汉族有史以来所有传统的服饰，最为流行且常见的汉服有汉制、唐制、宋制、明制之分。汉服源于黄帝制冕服[①]（图1-1-1），定型于周朝，汉朝形成了完备的冠服体系。汉服的整体礼仪系统包含衣、冠、发饰、面饰、鞋等。汉服象征着辉煌灿烂的华夏文明。

① 成书于战国时代的《周易·系辞下》曾记载：“黄帝、尧、舜垂衣裳而天下治，盖取诸《乾》《坤》。”意思是黄帝、尧、舜垂示衣裳（之用）而天下大治，大概取象于《乾》《坤》二卦。垂为垂训、垂示之意，“天下治”前提是“垂衣裳”，即中华文明先有服饰、礼乐文化，后有国家治理秩序。

知识延伸

华夏，中国自古以来被称为“华夏”。华夏民族的主要特征是汉服和汉礼仪。元典《左传》中载：“中国有礼仪之大，故称夏；有服章之美，谓之华。”中国自古就被称为“衣冠上国”“礼仪之邦”，“衣冠”成为文明的代名词，同时也是华夏礼仪的一部分。礼仪与服饰相互交织，成为中华文化的重要组成部分。

汉服有历史渊源，目前最早的文物记载是在《马王堆三号墓遣册》里，“美人四人，其二人楚服，二人汉服”。而这里的“汉服”特指汉朝的服饰礼仪制度，即《周礼》《仪礼》《礼记》的冠服体系。

（一）汉服内涵

汉服包含天人合一的智慧和敬天礼地的虔意。其内涵有四个方面。

1．圆袖交领，天圆地方

汉服袖子一般是圆袖，意为天道圆润。领子是“交领右衽①”，意为地道方正。古人给每天所穿的衣服赋予了天圆地方的含义，这是对自己的一种鞭策，也是时刻提醒自己牢记做人需得规矩。上至治理国家，下到为人处世，皆需尊重他人，约束他人（图1–1–2）。

图1–1–2 圆袖交领，天圆地方

2．中缝垂带，人道正直

中缝就是汉服深衣在其衣裳背部的正中间有一条贯穿首尾的缝合线。中缝时刻提醒人们做人要抬头挺胸，堂堂正正，下垂直至脚踝的衣带代表着正直之道。当你穿上汉服站直的时候，中缝与地面垂直，古人谓之“正直”（图1–1–3）。

图1–1–3 中缝垂带，人道正直

3．上衣下裳，天地阴阳

汉服最古老并贯穿始终的服制就是上衣下裳制，即衣服分为上下两部分。上衣在商代为窄袖、短身，周代出现长大宽博样式；下裳即裙，下遮开裆裤，宽带束腰。同时衣服上片由四块布拼接而成，代表着一年四季；下摆由十二块布拼接而成，意味着一年的十二个月（图1–1–4）。

图1–1–4 上衣下裳，天地阴阳

4．精美图案，寓意深刻

汉服的图案有美好的寓意，图案一般分为植物图案、动物图案、人物图案三种。植物图案会以葡萄代表多子、葫芦代表万代、牡丹代表富贵等来装饰服装；动物图案多以龙、凤等形象突出、特征显著、内涵深刻的图案来表达美好寓意；人物

① 交领右衽，就是衣襟向右掩，衣服衣领交叉呈“y”形，所形成的矩形直角，则意为地道方正。

图案一般寄托古人修身的诸多理念，如八仙庆寿、麻姑献寿等。汉服图像常见于出土或流传下来的壁画和绘画等文物，如出土于长沙陈家大山楚墓的，湖南省博物馆馆藏的《人物龙凤帛画》（图1–1–5）等。

（二）汉服衣物的基本特征

汉服衣物有三个基本特征：交领右衽、无扣结缨、褒衣大袖。

1. 交领右衽

交领，释义为古代交叠于胸前的衣领①。交领是汉服标准的领口式样（图1–1–6）。

右衽，“衽”释义为衣襟，右衽即是往右，将右襟掩覆于内，左前襟向右腋系带，衣襟在外观上呈“y”形。反之为左衽（图1–1–7、图1–1–8）。交领右衽，表现出“以右为尊”的思想。右衽是华夏民族区别于其他民族的服饰形制，成为汉服在历代变革款式上一直保持不变的“交领右衽”传统。

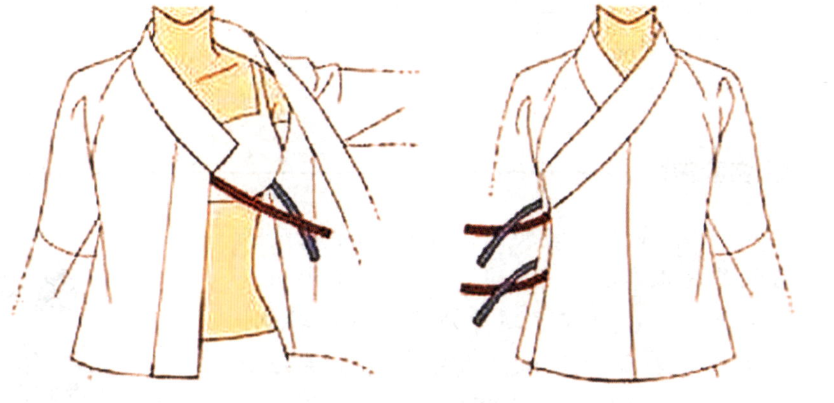

图1–1–6 汉服交领

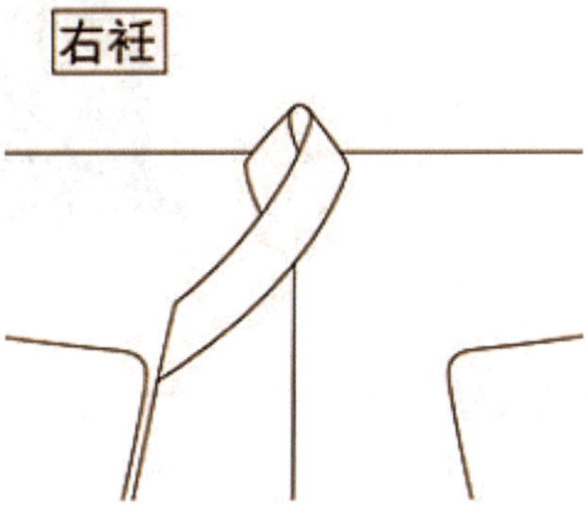

图1–1–7 汉服交领右衽

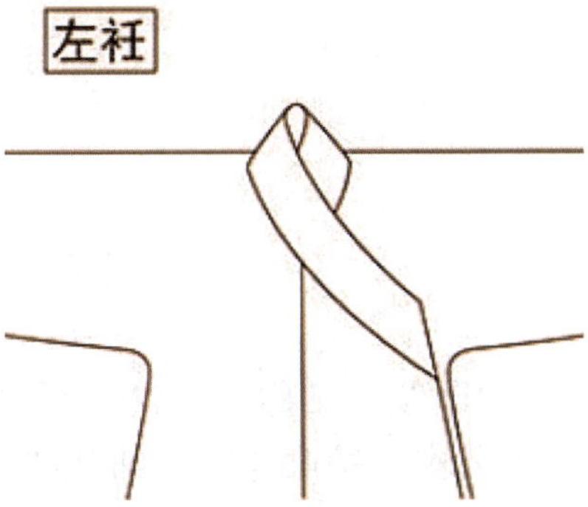

图1–1–8 汉服交领左衽

名画赏析

《人物龙凤帛画》于1949年在湖南长沙陈家大山楚墓出土，是中国现存缣帛画中最早的一幅作品。此画出现人物侧面，身着汉服（深衣）的图像。深衣宽袖，紧身长袍曳地，衣服上绘制卷曲纹样及领子、袖子等主要部分。

图1–1–5 《人物龙凤帛画》

① 《礼记 · 深衣》“曲袷如矩以应方”汉 郑玄 注：“袷，交领也。古者方领，如今小儿衣领。”

小提示

交领代表天圆地方中的“地”，地即人道，即方与正。穿汉服交领衣，必须要右衽。左衽会被看作异族[①]或是丧服、敛服。《礼记·丧大记》载：小敛大敛，祭服不倒，皆左衽，结绞不纽（图1-1-9）。

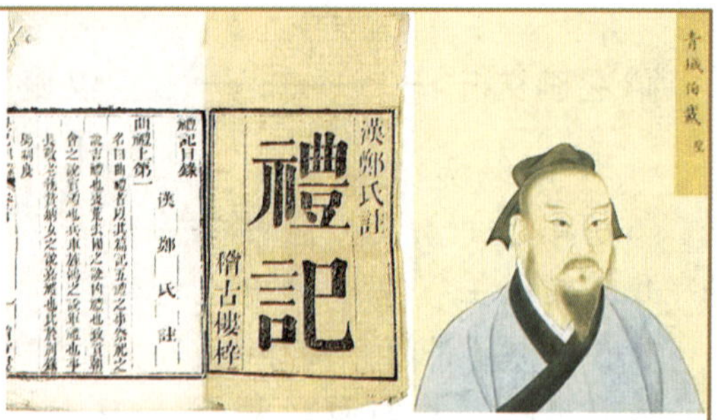

图1-1-9 《礼记》

作为交领的补充有“直领”“圆领”两种。（图1-1-10）

作为交领的补充之一的“直领”，实际上就是领子从胸前直接平行垂直下来，而不在胸前交叉；直领的衣服，一般会搭配罩衫、半臂、褙子等日常外衣款式。如陕西省咸阳市唐永泰公主墓出土的壁画《永泰公主墓宫女图》，图上宫女所穿衣服就是直领的（图1-1-11）。

	大襟	对襟
直领	（俗称交领）	
圆领		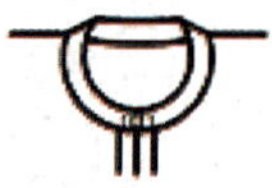

图1-1-10 交领的补充

名画赏析

《永泰公主墓宫女图》于1960年在陕西省乾县唐永泰公主李仙蕙墓出土，画中出现的侍女形象，真实呈现出唐代女装的特色。侍女们穿着曳地长裙，上穿半臂或半袖上衣，衣长至腰间，有直领、无领、翻领、套头、对襦等不同样式，结带至胸前。

图1-1-11 《永泰公主墓宫女图》

“圆领”又称“盘领”，向右掩的衣襟一直延长到右肩部，在右肩附近用布扣系扎。如唐代章怀太子墓中的壁画《观鸟捕蝉图》（图1-1-12）、清代《乾隆皇帝宫中行乐图》（图1-1-13）中人物穿着的汉服就是“圆领”的。

① 古代对于华夏族披头散发、衣襟向左敞开或是随意系结，均被认为是华夏族之外的“蛮夷”形象。关于左衽与右衽，《史记》中记载了孔子的一句话“微管仲，吾其被发左衽矣”，这句话意思是：如果没有管仲辅佐齐桓公，并遏制夷族放侵，就要穿异族的左衽，不带衣冠而披头散发了。

名画赏析

1971年出土于陕西省乾县唐代章怀太子墓墓室西壁南侧的精美壁画《观鸟捕蝉图》，带有典型唐代特征。此画中间的侍女身穿窄袖圆领袍衫的男装，腰系黑带，正全神贯注地捕蝉。中国传统礼教中男女不通装，但在唐代女着男装是一种文化或时尚现象。

清代金廷标①创作的绢本设色②画《乾隆皇帝宫中行乐图》是描绘帝王生活的画作。画面中出现一行款款过桥，身着圆领、衣袖短窄等服饰的古装人物。清代是满汉文化交融的时代，尤其是服装文化，属于我国服装史上改变最大的时代。

图1-1-12 《观鸟捕蝉图》

图1-1-13 《乾隆皇帝宫中行乐图》局部

明代初期为盘领窄袖袍，后袍身与两袖逐渐宽大，又因其领式与所饰纹样而被称为“圆领”或“衮龙袍”。定陵共出土12件明神宗的四团龙常服圆领袍（图1-1-14）。

2. 无扣结缨

无扣，即“隐扣”；结缨就是系带。汉服一般不用扣子，而是用裁剪余料做成缨带连接衣片，一左一右在腋下系扎来固定衣襟。

3. 褒衣大袖

褒衣，即宽襟或大袖之衣。汉服自古礼服褒衣博带、常服短衣宽袖。汉服的袖子也称“袂（mèi）”。汉服中礼服袖型的主要特点是袖宽且长，当然也有小袖、短袖等款式。汉服袖大时可到四尺，穿起来随风而动，如行云流水般的流线，给人宽袍大袖、仙风道骨之感（图1-1-15）。褒衣大袖表现出古人天圆地方的理论，人与自然和谐统一的思想。

汉服有一根在腰间的大带子或长带子，起固定作用。不仅实用，而且具有装饰性及象征性。用于束腰使用时，衣服可随人体结构，呈现不同的曲线。汉服的色彩不仅能有效传达美感，还有区分阶级、等级的作用。从古代看，越鲜明的服饰颜色越难提取，价格也会越贵。如黄、紫、绛色为贵色，是皇室和权贵专用色，民间常以碧、绿、青色为贱色，古代老百姓一般穿着青、白、黑三种颜色的服饰。

---

① 金廷标，清代乾隆时期最重要的宫廷画家之一，在山水、人物及肖像画的创作上极具深厚的艺术功底。

② “绢本设色”就是：用国画色将画画在绢上。

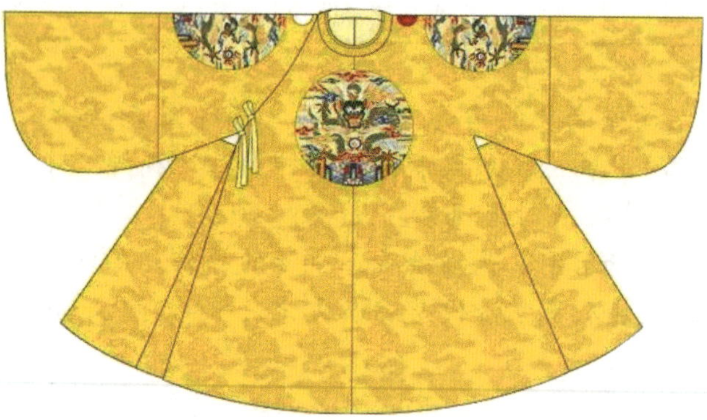

图1-1-14 圆领袍（参考定陵出土实物绘制）

图1-1-15 褒衣大袖

二、《汉服衣物》不织布

（一）汉服分类

汉服按照用途分类，可以分为礼服、常服和便服。同时由于受到儒家思想观念影响，我国汉服服饰的基本风格主要是庄重、宽大、飘逸，体现出人与自然的融合。

1．礼服

《尚书正义》中记载：“冕服华章曰华，大国曰夏”。意思是服饰华彩之美为华，广阔的疆界与和雅的礼仪为夏。汉服体系中非常重要的部分就是礼服。礼服具备礼仪性，主要用于祭祀、婚嫁、成人礼等重要场合，重点突出庄重、有秩序的形象。

2．常服

常服与礼服不同的地方在于，常服带有其正式性，其规格低于礼服，主要用于庆典、迎谒（yíng yè）[①]、节日、饮宴的场合，同样需要注意整体风格的和谐统一，并对人的行为活动会产生一定的限制。

3．便服

便服区别于礼服、常服，适用于居家、出行、传统武术演练等。《宋史·舆服志五》中有“士大夫皆服凉衫，以为便服矣。”便服一般衣袍较为窄小，舒适且便于运动。

（二）汉服形制

汉服四大基本形制主要是衣裳制、深衣制、袍服制、襦裙制。衣裳制是基础，深衣制是其发展，袍服制是把上衣加长，而襦裙制则是把上衣缩短，其分别向不同的方向发展出“上衣下裳”的各种变形。

① 迎谒，汉语词语，指“迎接谒见”。出处《史记·陈丞相世家》：信闻天子以好出游，其势必无事而郊迎谒。

图1-1-16 汉服上衣下裳制

图1-1-17 汉服深衣制

1. 衣裳制（上衣下裳制）

衣裳制，也叫“上衣下裳制”，即上身穿衣，下体穿裳（图1-1-16）。裳即裙子的意思。上衣下裳制产生流行时期是先秦，也是汉服的源头及基础形制，深衣制、袍服制都是在此基础上演变而来的。上衣下裳，周正庄重，雍容典雅，这也是传统中国的主流审美观。

上衣下裳制是汉服体系中老的、最基本的服装形制，也是历代男子礼服的最高形制。要求衣正色、裳间色，即上衣颜色端正而纯一，下裳则色彩相交错。最高级别的颜色为黑、黑红、玄纁等。

2. 深衣制（上下连缝制）

深衣制，也叫“上下连缝制”，即先裁出上下连裳，缝制时在腰部再将上下相连为整体，衣裳一体包住身体，也形容为“被体深邃”。

深衣制形成于周朝，流传于从先秦到明代末年，可用作礼服，也可日常穿着，还可用作君主百官或士人燕居（非正式场合）的休闲类服饰。深衣制对裁形制有十分明确的规范和要求，是汉服体系的核心精髓所在。

深衣对衣裳的继承为遵从祖制，为衣物每个细节都赋予了更多内涵。儒家经典《礼记》甚至专门著有“深衣”篇，对其进行解读：“古者深衣，盖有制度，以应规、矩、绳、权、衡。短毋见肤，长毋被土……”一件连身服需要表现或体现的内涵是规、矩、绳、权、衡（图1-1-17）。如袖口圆似规，喻示举手投足要合乎规矩；领方似矩，背缝垂直如绳，象征品行方正；下摆平衡似权，代表公平……

深衣制的特点是使身体深藏不露，雍容典雅。均用于男女的正规场合礼服，汉代以来，朝服及女性大礼服、唐代朝服与祭服的中衣均为深衣。深衣制主要分为两大类：直裾和曲裾。“裾”就是裙子的意思。

直裾（图1-1-18），即左大襟从前胸绕到右后方之后垂直而下，其为历代男子礼服的通用服饰样式，简洁干练、中正肃穆。日本的和服就来源于汉服的直裾。曲裾（图1-1-19），相对直裾而言，是弯曲盘绕的裙子，围着下体层层盘绕，最后系于腰部，体现优美流畅的曲线感。在汉朝，上至皇帝文武百官，下至平民布衣皆穿曲裾。

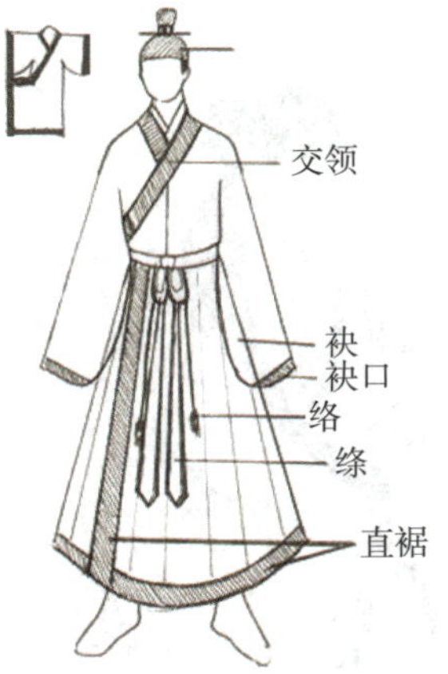

图1-1-18 深衣制中直裾

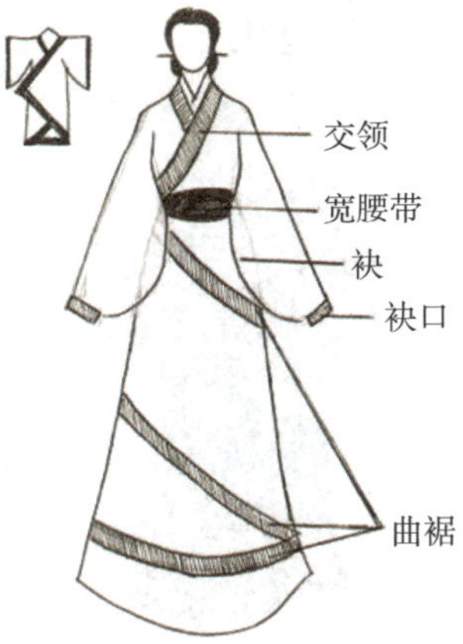

图1-1-19 深衣制中曲裾

3．袍服制（上下通裁制）

袍服制，又称“上下通裁制”，即一块布裁出上衣和下衣，中间无接缝，自然一体。袍服制始创于隋唐时期，流行于宋代和明代，种类分为圆领袍（图1-1-20）、襕衫（图1-1-21）、直裰（图1-1-22）、直身、道袍（图1-1-23）、褙子（图1-1-24）、长衫、僧衣等。

4．襦裙制

“襦”，意思是短上衣。“襦裙”即“上襦加下裙”这类服饰的统称，意思是短衣长裙。短衣最长不过膝，腰间以绳带系扎，衣在内，裙在外。襦裙源于上衣下裳制，发展到春秋战国时期称为襦裙，汉朝后特指女子襦裙。各朝各代在襦裙的基本形制下衍生出用于常服的多种样式，其中以裙腰高低区分的有高腰襦裙、齐胸襦裙；以领子样式区分的有交领襦裙和直领襦裙；还有半臂襦裙、对襟襦裙等款式。

（1）高腰襦裙。隋唐五代时期出现一种特有的女子装束，上衣短、下衣长，其特点是束带的位置处于胸部之下，但又在腰部之上，也就是介于胸部和腰部之间，这就是高腰襦裙（图1-1-25）。而齐胸襦裙与之区别在于束带位置不同，即齐胸襦裙的际线是位于胸部之上的。

（2）齐胸襦裙。齐胸襦裙（图1-1-26）是一种经典的汉服形制，上襦束于裙内，裙摆垂坠，飘逸。源于隋朝，流行于唐朝。齐胸襦裙分对襟齐胸襦裙和交领齐胸襦裙两种，上襦常见窄袖、直袖和广袖三种形式。

汉服盛行的时期，齐胸襦裙分为一片式和两片式两种样式。一片式襦裙，如围裙，一大片布料，两头有系带，把系带在腋下环绕后打个结即可。而两片式襦裙，则分为前后两片，穿着时先

图1-1-20 圆领袍

图1-1-21 襕衫

图1-1-22 直裰

图1-1-23 道袍

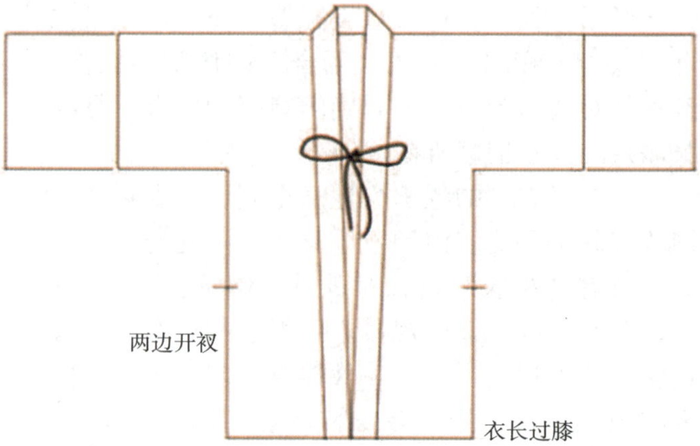

图1-1-24 褙子

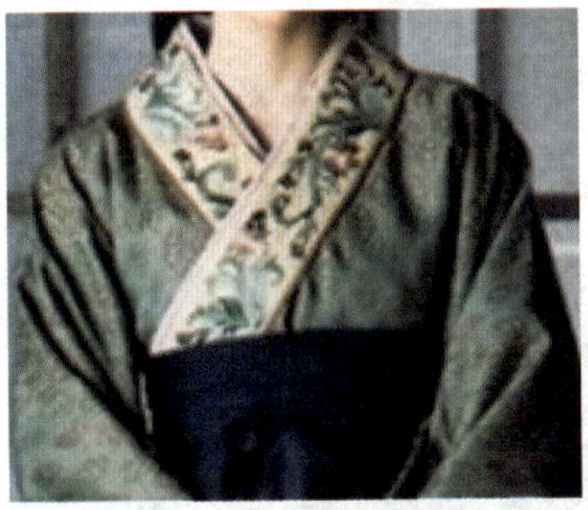

图1-1-25 高腰襦裙

图1-1-26 齐胸襦裙

将后片的系带系在胸前，将前片在胸前放置好，再将前片的系带，围绕胸部环绕一圈，在胸前正中间系上一个结（图1-1-27）。

（3）交领襦裙。交领襦裙（图1-1-28），实际上是汉服的基本特征：交领右衽。交领左衣襟压右衣襟呈“y”形（“汉服衣物基本特征”中有说明）。

（4）直领襦裙。直领襦裙（图1-1-29），又称对襟襦裙，出现于战国时期，因其上襦为直领而得名。其上襦领型为直领，衣襟对称，衣袖有宽窄两状。

（5）半臂襦裙（图1-1-30）。半臂，又称半袖。在古代不同时期所指的款式都不一样，现在一般指袖长及肘、交领或对襟的短上襦。《中国古代服饰研究》①中写道：“半臂又称半袖，是从魏晋以来上襦发展而出的一种无领（或翻领）、对襟（或套头）短外衣，它的特征是袖长及肘、身长及腰。”

图1-1-27 两片式襦裙穿戴过程

图1-1-28 交领襦裙

图1-1-29 直领襦裙

图1-1-30 半臂襦裙

① 《中国古代服饰研究》，沈从文编著。

（三）实践内容

图1-1-31　女装（上衣下裳制）

1. 制作一件不织布女装（上衣下裳制）（图1-1-31）

不织布女装制作分为上衣、裙子两个部分，实践内容将分2～3课时进行。

2. 实操时间

40～80分钟。

3. 材料准备（图1-1-32）

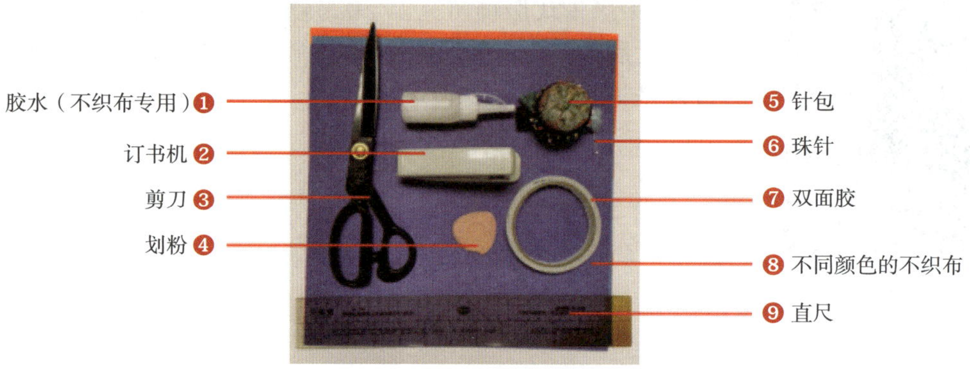

图1-1-32　材料分析图

（四）实践目标

（1）认知目标：了解不织布的使用方法。
（2）能力目标：学会使用不织布制作女装（上衣下裳制）汉服。
（3）情感目标：能够在学习过程中感知汉服的魅力并传承传统文化。

（五）关键词

汉服、上衣下裳制、不织布

（六）实践步骤

1. 上衣的制作（图1-1-33）

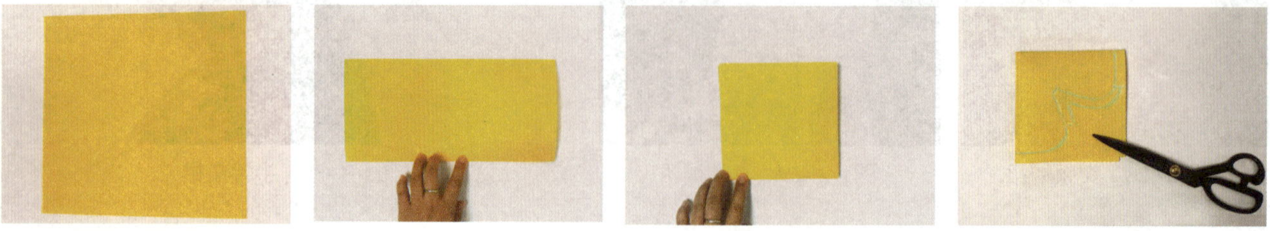
1. 准备30cm×30cm的不织布　2. 1/2对折　3. 1/4对折　4. 用划粉画出服装款式造型，并沿线剪出外轮廓形

图1-1-33　上衣的制作

5. 剪出领子的造型

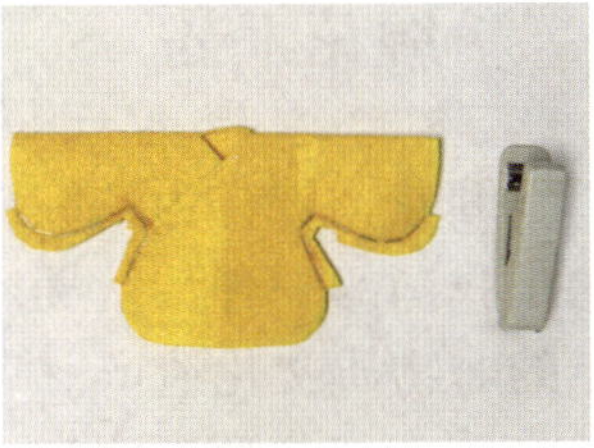

6. 用订书器沿线订合，并修剪缝份量

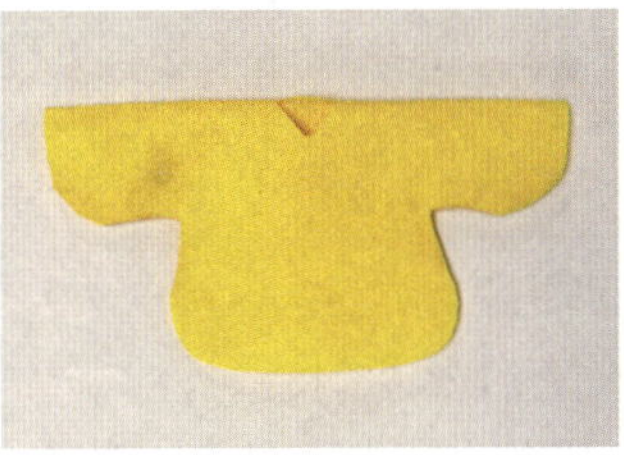

7. 翻折出上衣正面

8. 用1cm宽的长条（撞0.5cm其他色）做出领子的款式

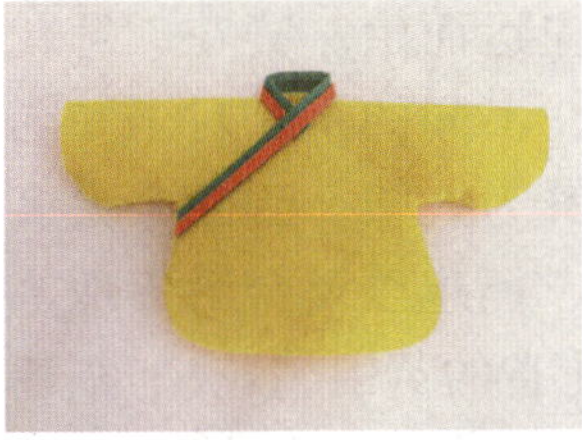

9. 准备2cm宽的长条贴到背面底摆上

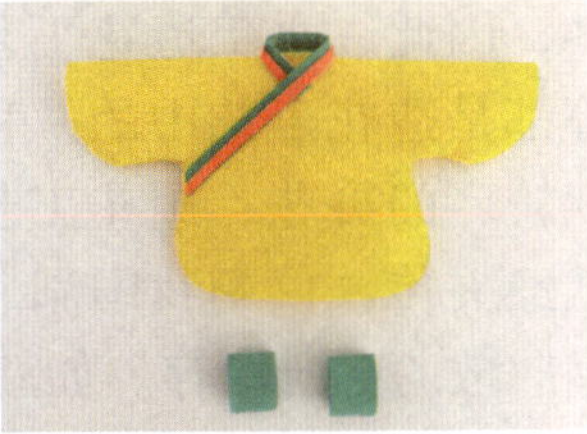

10. 准备2cm宽的袖贴

11. 用胶水贴到袖口的位置

12. 用宽度0.6cm的长条做出蝴蝶结，并用胶水粘贴

图1-1-33 上衣的制作（续）

2. 裙子的制作（图1-1-34）

1. 准备30cm × 50cm的面料，并画出制作褶裥的线

2. 准备50cm × 4cm的长条贴到底边向上6cm的位置

3. 沿线折出褶裥，并用珠针固定

4. 用同样的方法制作出另一个裙片

5. 用订书机固定腰头并修剪腰头和裙底边

6. 用同样的方法制作出另一个裙片

7. 用订书机把前后片固定

8. 把裙子翻折至正面并把3cm宽的腰带用胶水粘贴到腰头上

9. 将上衣和下装组合在一起

图1-1-34 裙子的制作

（七）思考与讨论

（1）图案可以换吗？

可以，根据款式设计的需要。

（2）衣服颜色搭配有没有什么要求？

古代衣服颜色搭配是严格按照等级制度来的，但现在我们制作衣服可以按照自己的喜好来完成。

三、《汉服发冠》缠花

（一）汉服发冠

汉服的基本结构体系中，一套完整的衣冠部件包含：首服、体衣、足衣[①]、配饰。首服，也称元服。元，意指头。早在“黄帝垂裳制天下”的时候就发明了冠，“峨冠博带”自此便成了华夏衣冠的代称。“冠”在古代是头上装饰的总称，常用以表示官职、身份与礼仪。冠历来是士人之上的特权，是身份和职别的标识，也象征着士人的尊严。当冠而不冠即是“非礼”。

作为衣冠上国，向来讲究衣冠不分家。古代男子冠礼，女子笄礼、成人礼等，均以冠巾对应着身份地位。古代，冠巾文化几乎是男子的特权，男子首服分为冠冕类和巾帽类。女子首服由副、编次。发髻可梳成各种式样，并在发髻上佩戴珠花、步摇等各种饰物，其中宋元时期除了发髻等饰物，还有一个极为突出的特点即戴冠。

冠最流行的时期在先秦、西汉时，意为“持发”之具，相对巾的普及早一些。它是一件礼仪性的、固定在发髻上的发罩。古人对冠饰非常讲究，冠的重要性远超其他部分的服饰，冠冕类一般适用正式庄重的场合，配相应的礼服或公服，巾帽则搭配常服。冠起着官阶职别的区分作用，名称常来源于其寓意。

（二）缠花工艺

缠花，被誉为“绽放在指尖上的传统艺术”，它是我国的一种传统美术项目，也是我国传承多年的非物质文化遗产。

缠花工艺源于明朝，盛于清朝。古代男女均有发间簪花的习惯，还会根据四季时间的变化来更换不同类型的簪花，而鲜花难保存，易枯萎凋零，因此，手工造花工艺应运而生。簪花、缠花等都是造花工艺中的一种，不同的是相对于知名度较广的簪花，缠花工艺鲜为人知，到如今大多已经失传，仅剩我国湖北、福建以及台湾等地零零散散的有所保存。如湖北省的英山缠花[②]、福建省和台湾省的“春仔花”“闽南缠花”等。随着近年来汉服、古风、国潮文化的流行，缠花技艺重新走入大众视野。

在民间，缠花隶属于中国民间美术，是用彩色丝线缠绕人造或实物坯架而制成的工艺美术品，常用于民俗庆典。其传承通常以师徒口耳相传或家族传授为主。缠花制作材料简单而日常，由各色丝线、纸样、铜丝为主，双手配合，用丝线紧密缠绕出不同的作品形象，如鱼、虫、花、鸟、兽、果、汉字等。而且缠花集合了水墨画、剪纸、立体刺绣等工艺特点，制作出来的成品有体积小、构思巧、工艺精致、造型鲜活等审美特征，是一种独特的民间手工技艺。

（三）案例解读

搭配汉服的缠花样式常以日常佩戴、艺术造型和婚庆典礼三种类型为主。

1. 日常佩戴

日常佩戴款式的缠花饰品特点：体现简约、小清新。造型简单，配色柔和，常用花卉、蝴蝶等造型（图1-1-35）。

---

① 足衣，指的是袜履。汉服的袜子为袜口用两条布带系拢以固定和保暖的白布短袜。鞋是屦、履的统称。《释名·释衣服》有云：“履，礼也，饰足所以为礼也。”《说文》云：“履，足所依也。”履有许多异称，除了有地缘人群各自习惯称法的原因外，履制的不同当是主要的。

② 英山缠花源于宋代，兴起于明清，盛于民国，曾是民间习俗庆典中的主角，在“婚、生、嫁、娶”中扮演重要角色，不同的作品分别蕴含了不同的吉祥寓意。

图1-1-35　日常佩戴款式的缠花饰品

2. 艺术造型

艺术造型款式的缠花饰品，其特点是造型浮夸且大，色彩对比强烈，通常会为了符合某一个主题而设计（图1-1-36）。

图1-1-36　艺术造型款式的缠花饰品

3．婚庆典礼

婚庆典礼款式的缠花饰品，一般以红色、黄色、橙色、绿色、蓝色为主，色彩饱和度很高，造型上有简约的也有复杂的，主要看造型师怎么搭配（图1-1-37）。

图1-1-37　婚庆典礼款式的缠花饰品

（四）实践内容

1．制作一个适用于婚庆典礼的缠花发冠

婚庆典礼用的缠花发冠（图1-1-38）制作工艺包括牡丹花、花叶组合、发冠组合三个部分，实践内容将分3课时进行。

图1-1-38　缠花发冠

2．实操时间

120分钟。

3．材料准备（图1-1-39）

图1-1-39　材料分析图

❶ 缠花线（市面上蚕丝线、绒线、高亮线比较主流）
❷ 0.3mm、0.4mm铜丝（保色贵一点但很重要）
❸ 金边墨水（防脱线必备）
❹ 强力线（绿色、褐色比较常用）
❺ 剪刀（剪纸的）
❻ 剪刀（剪线的）
❼ 发冠主体（可以自己制作，新手建议购买成品）
❽ 白乳胶
❾ 金属覆膜夹子
❿ 淡水珍珠（不同大小和形状都要准备一些）
⓫ 尼龙排笔
⓬ 木插板子
⓭ 缠花纸样（可以自己设计也可以购买，新手建议购买纸样）

（五）实践目标

（1）认知目标：了解“非遗”缠花的制作步骤，以及9个缠花工艺制作技法。

（2）情感目标：从“非遗”缠花的设计制作中，感悟工匠精神，感悟劳动人民的智慧，传承传统技艺，弘扬传统文化。

（3）能力目标：能够设计与制作出符合当代人民审美的缠花作品。

（六）关键词

缠花、发冠、工艺

（七）实践步骤

1. 缠花发冠——牡丹花（图1-1-40）

1. 把纸样剪下来，剪平滑很重要

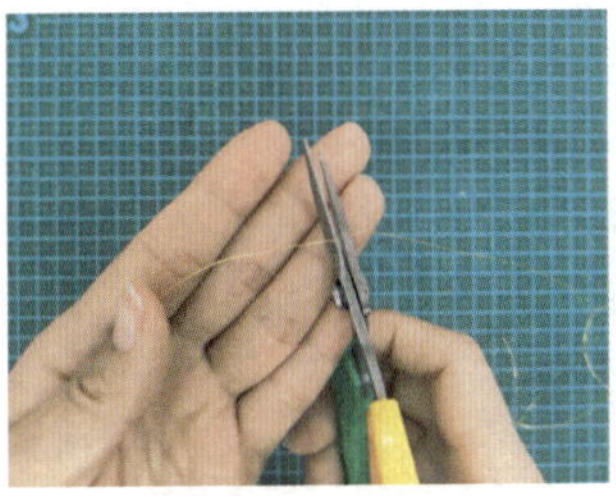

2. 剪一段0.3mm的铜丝，长度8～10cm即可

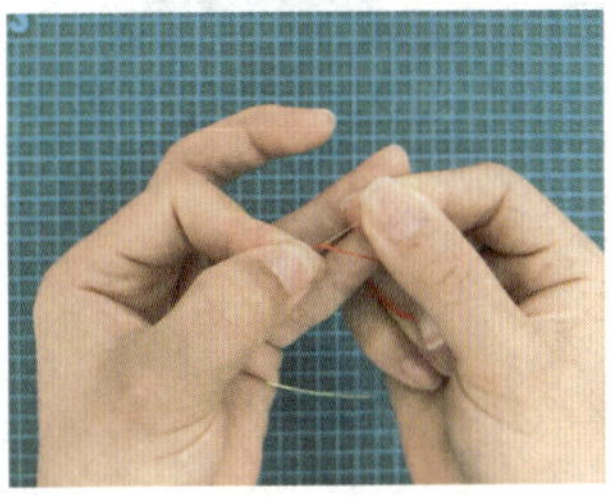

3. 绒线在铜丝上从左到右绕几圈，然后反方向绕几圈，把绒线固定在铜丝上

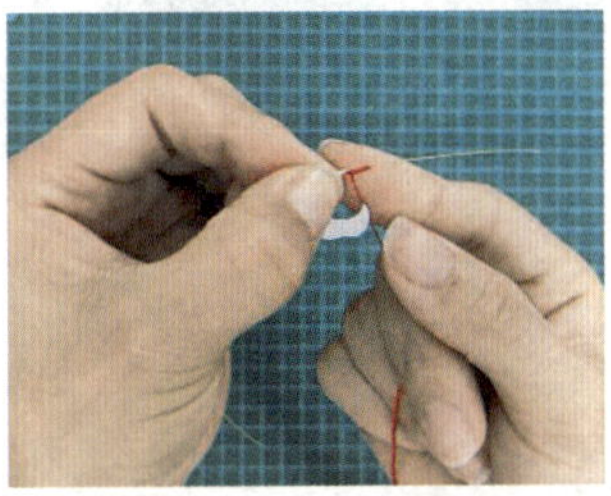

4. 把纸样放在绕了绒线的铜丝上，对齐，接着绕线包裹纸样

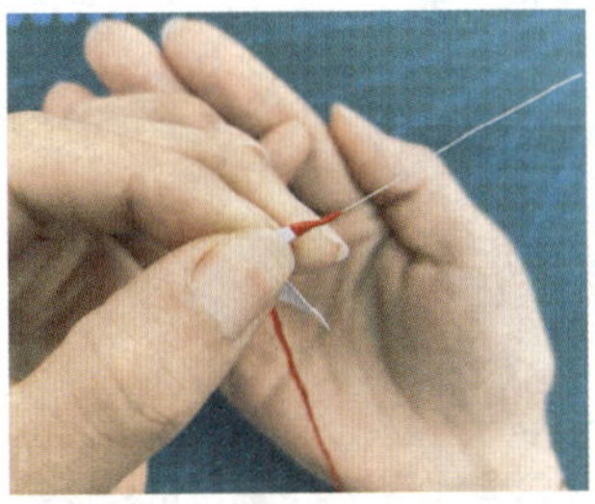

5. 前面几圈缠紧一点，这样不容易脱线

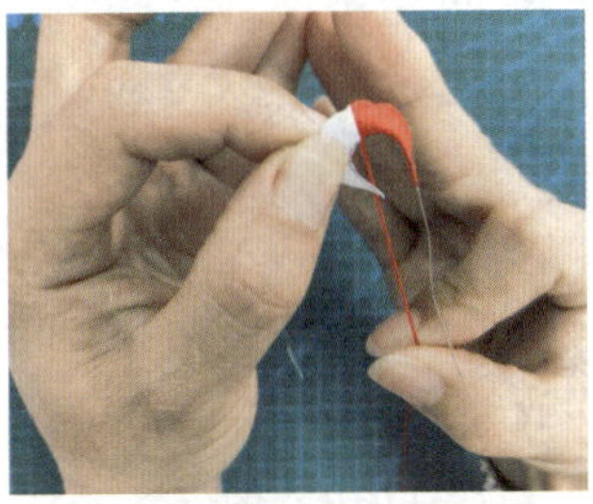

6. 把绒线捋平，一圈一圈往左边缠，这里要注意纸膜外边缘与缠线成90°角能有效防止脱线

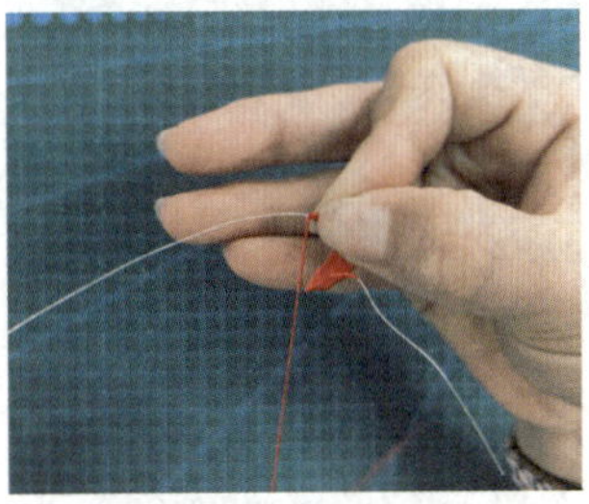

7. 收尾的地方，跟开头一样缠紧

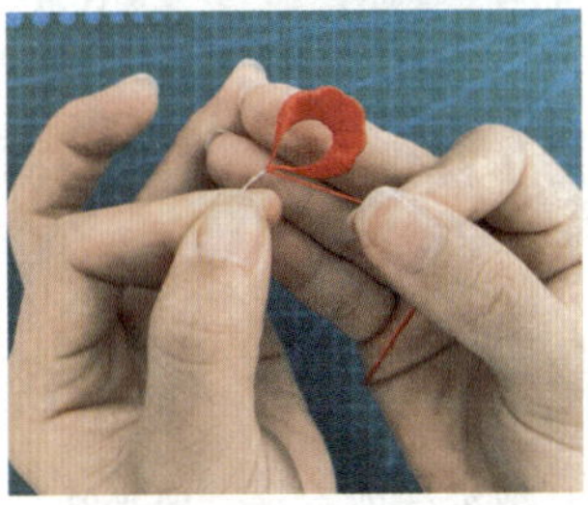

8. 两根铜丝一起捏住，继续缠绕1cm左右

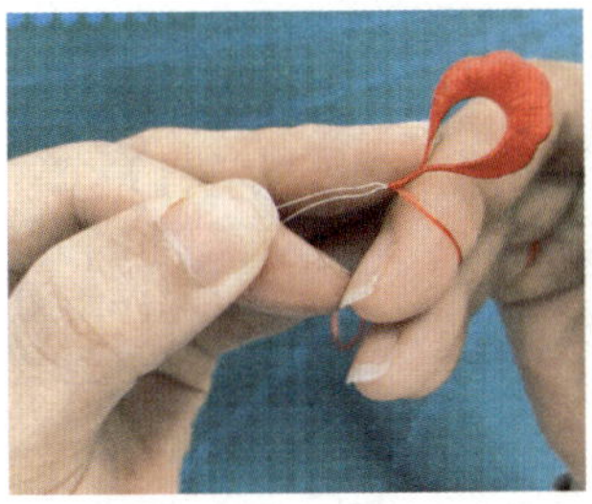

9. 然后把两根铜丝分开，为绒线收尾做准备

10. 右手捏住缠好的花瓣纸模，左手控制绒线在两根铜丝之间绕“8”字

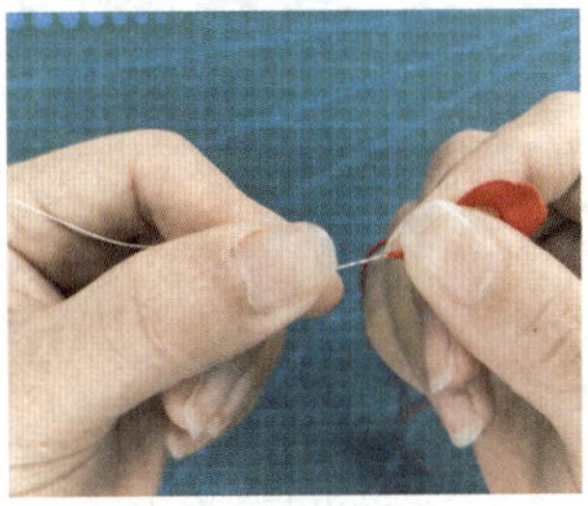

11. 把两根铜丝拧一起

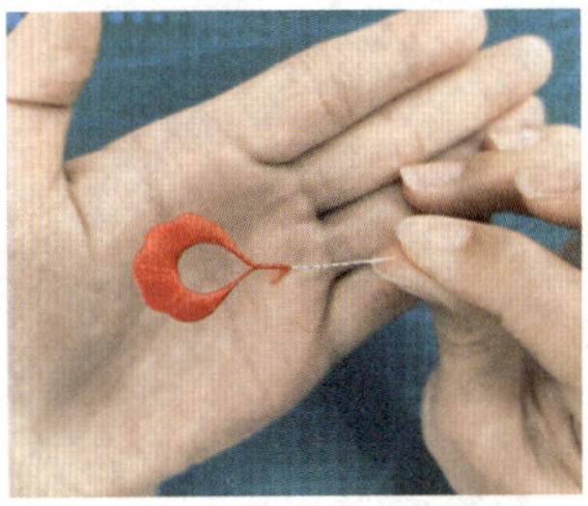

12. 把丝线剪短，留5mm即可

图1-1-40 缠花发冠——牡丹花

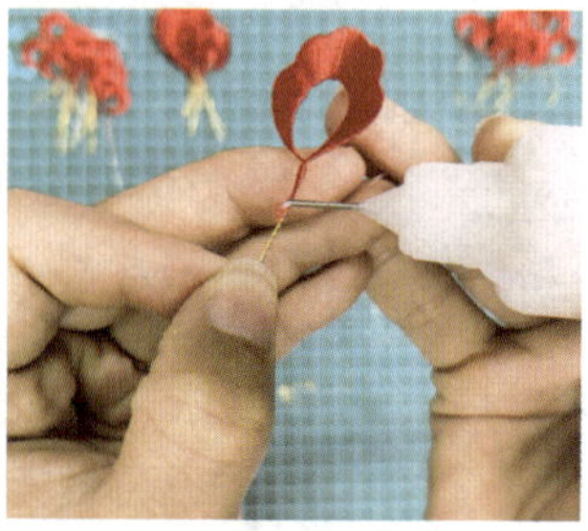

13. 线头处点上白乳胶，然后拇指和食指捏住捻一下

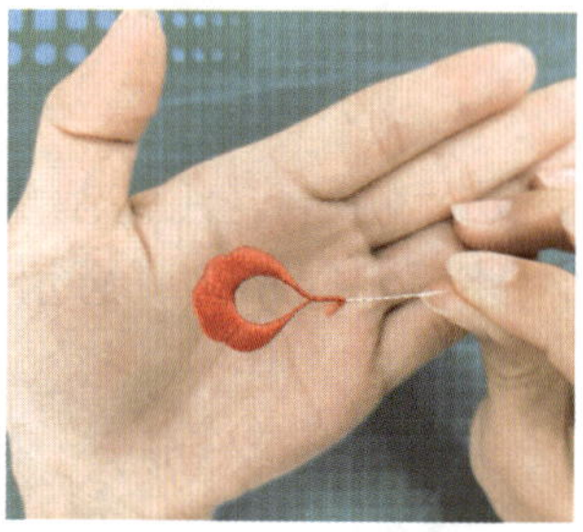

14. 把所有的花瓣都像这样粘好，这样不容易松

15. 制作花蕊，把花蕊平均分布在周围

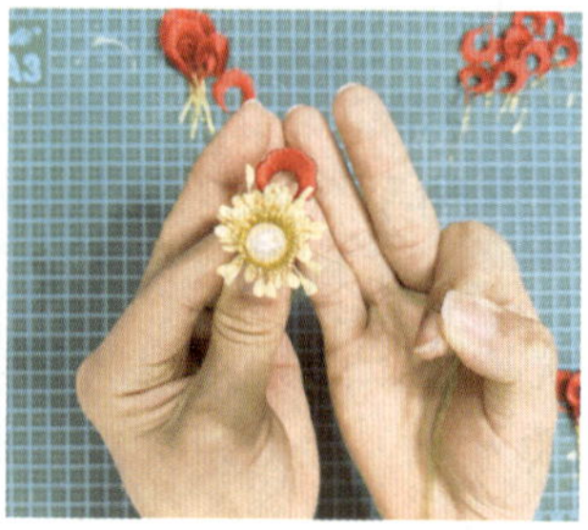

16. 用强力线把最小的花瓣绑在做好的花蕊周围，每一个花瓣绕紧打个结

17. 用同样的方法把第二层花瓣绑好，第二层花瓣在第一层两片花瓣的中间

18. 第三层花瓣跟第二层一样插空，用同样的方法做出3朵牡丹花

图1-1-40　缠花发冠——牡丹花（续）

2. 缠花发冠——花叶组合

（1）叶子的制作（图1-1-41）。

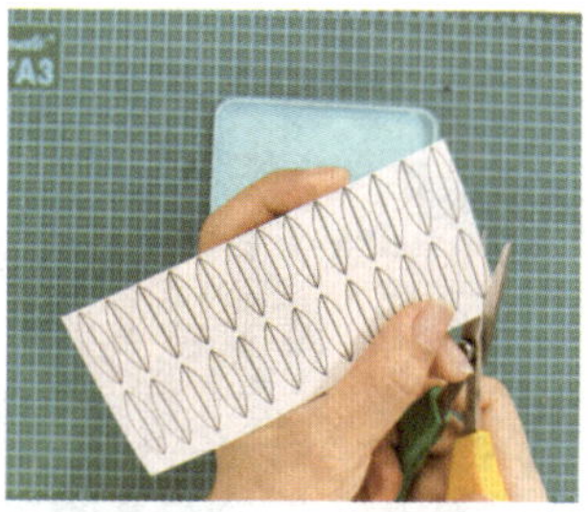

1. 把纸样剪下来，剪平滑很重要

2. 剪一段0.3mm的铜丝，长度8～10cm即可

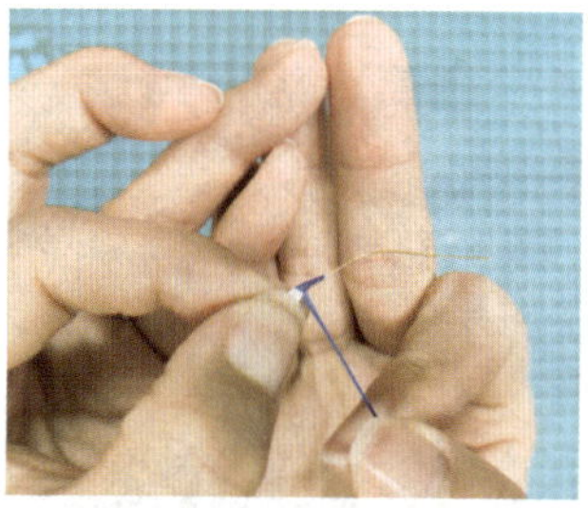

3. 跟牡丹花开头的步骤一样

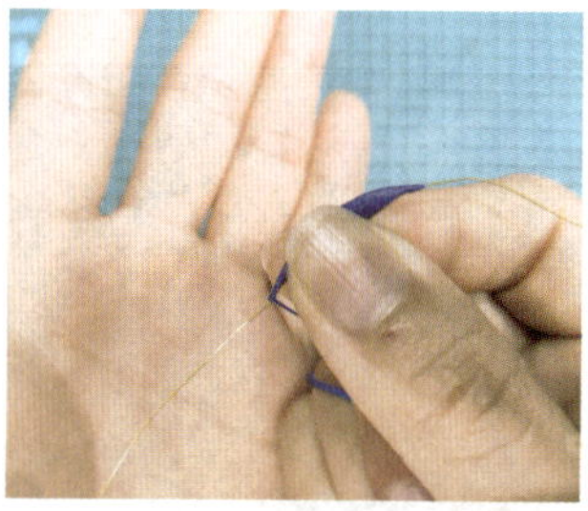

4. 纸模被完全包裹后再往前缠5mm，接上另一片纸模

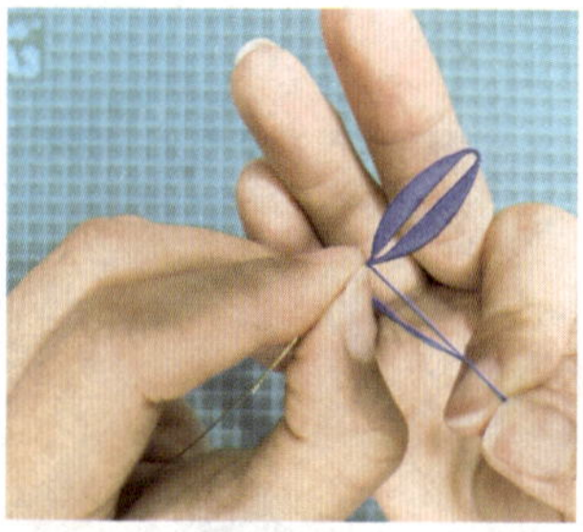

5. 两片纸模缠好对折一下，继续缠

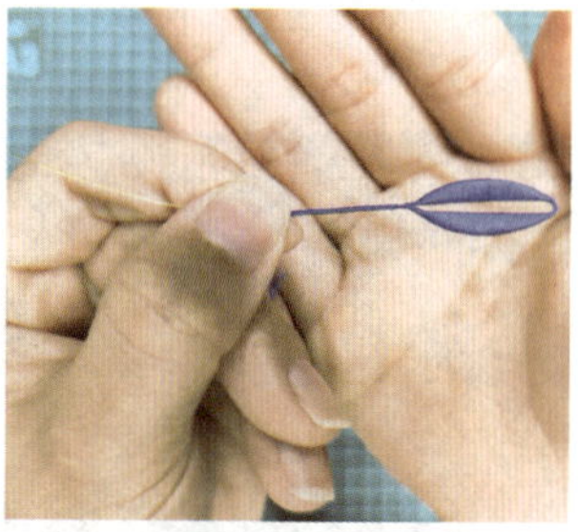

6. 把后面的铜丝缠完，同样的方法做出若干片叶子

图1-1-41　叶子的制作

（2）花的制作（图1-1-42）。

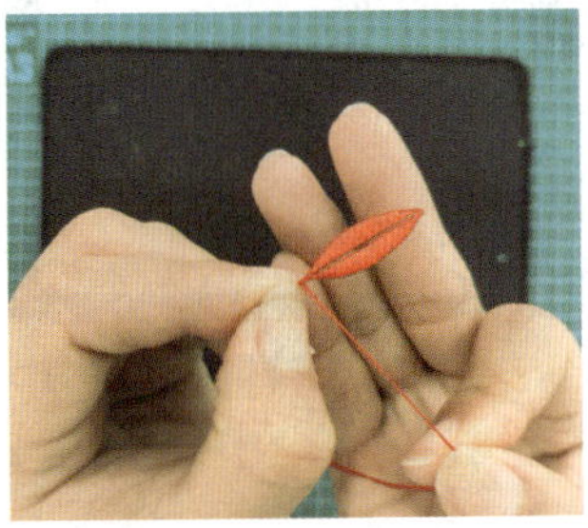

1. 跟制作叶子的步骤一样

2. 把花蕊绑在一起

3. 用强力线把最小的花瓣绑在做好的花蕊周围，每一个花瓣绕紧打个结

4. 将五个花瓣绑好，调整位置。用同样的方法做若干黄色的小花

图1-1-42　花的制作

（3）颤珠的制作（图1-1-43）。

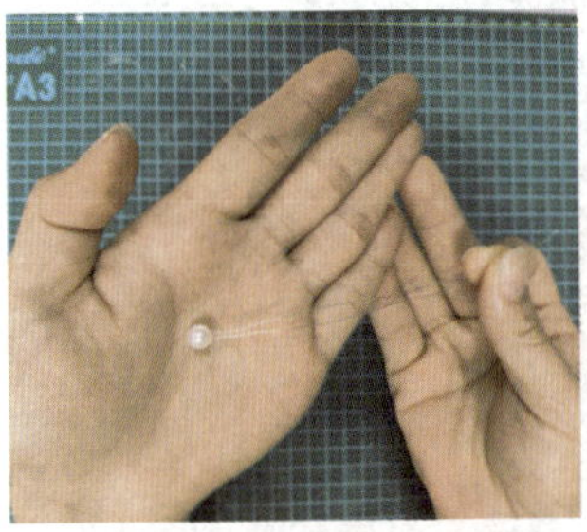

1. 取一段25cm的铜丝，穿过一颗珍珠

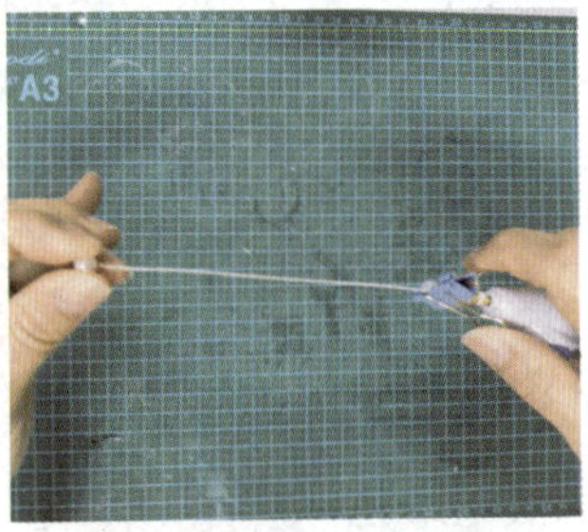

2. 用拧铜丝工具把它拧紧

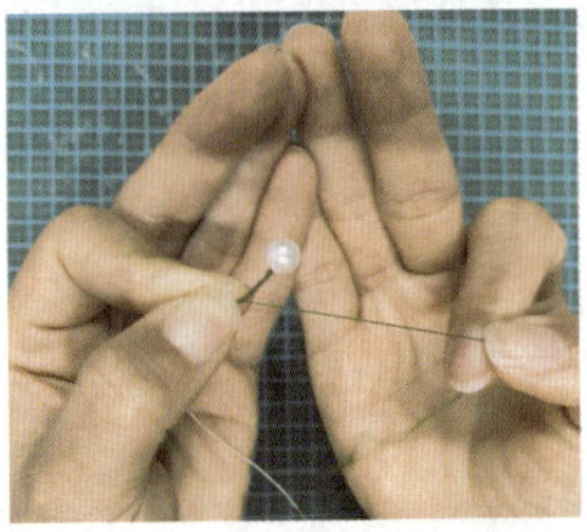

3. 用强力线把铜丝捻紧，包裹好铜丝

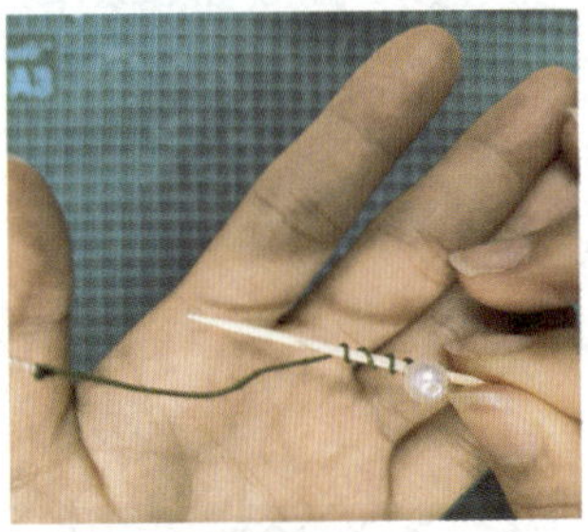

4. 把铜丝均匀绕在牙签上，就能得到弹簧状

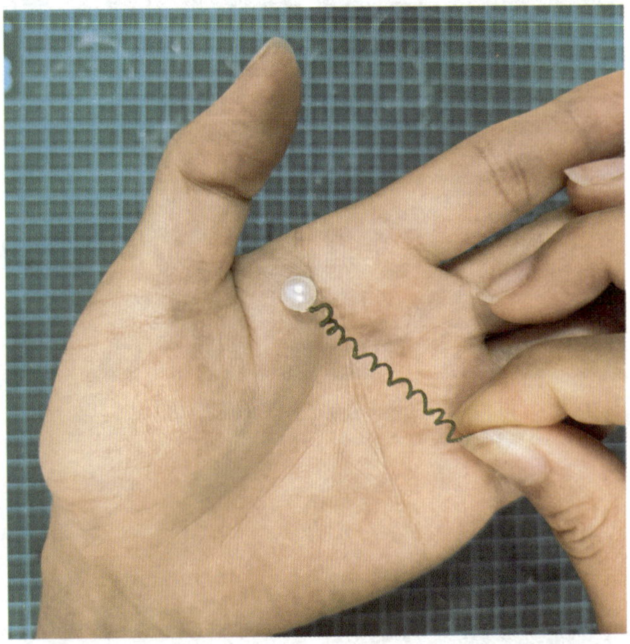

5. 调整一下，完成

图1-1-43　颤珠的制作

（4）蜻蜓的制作（图1-1-44）。

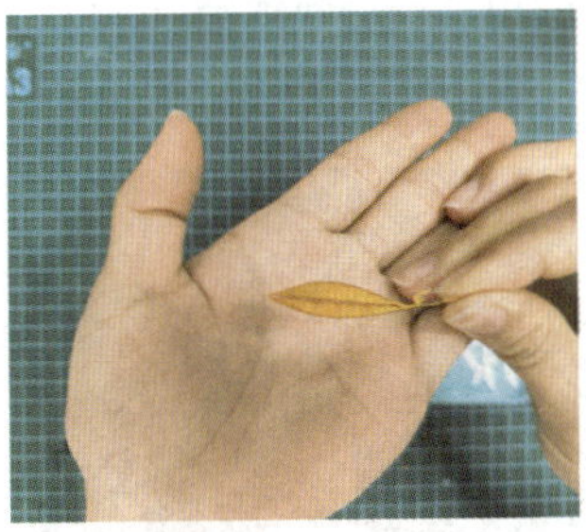

1. 跟前面制作小花和叶子的步骤一样

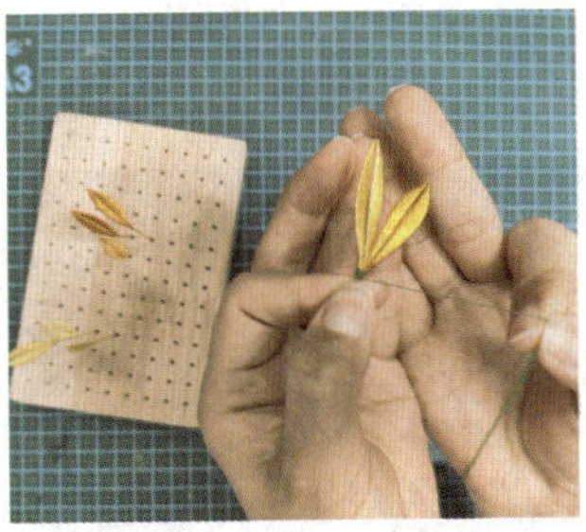

2. 把蜻蜓同一边的一大一小翅膀用强力线绑好

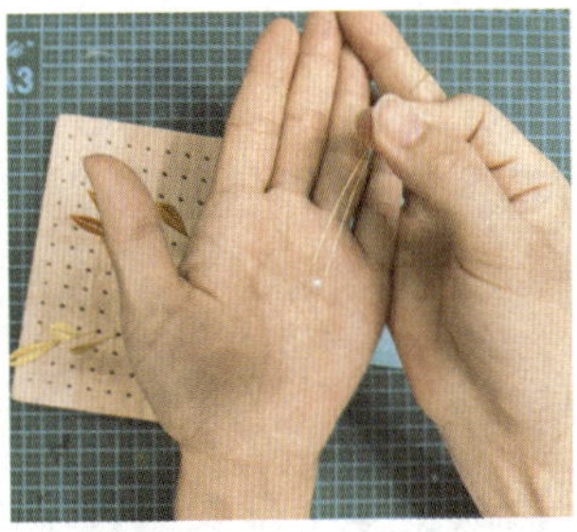

3. 单线穿1颗珠子

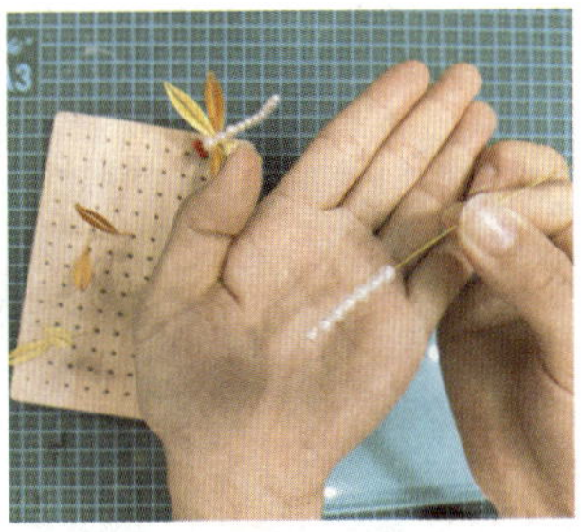

4. 双线穿6颗中等大小的珠子，再穿1颗大珠子

图1-1-44　蜻蜓的制作

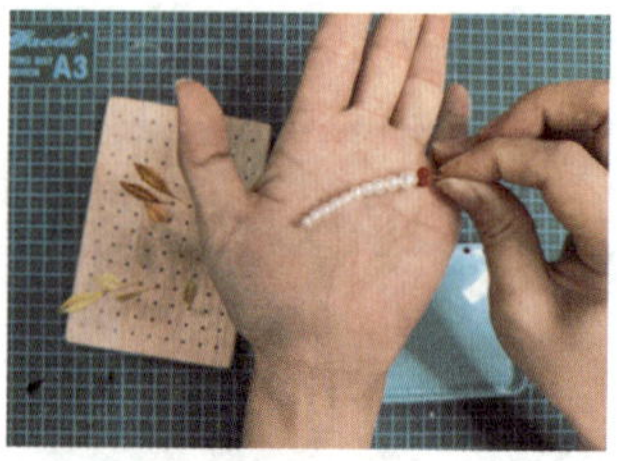

5. 分别单线穿1颗红色珠子，当蜻蜓的眼睛

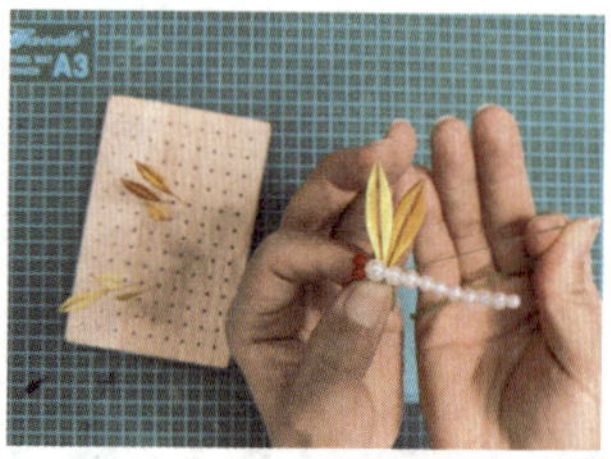

6. 用强力线把翅膀绑在剩余的铜丝上，并固定

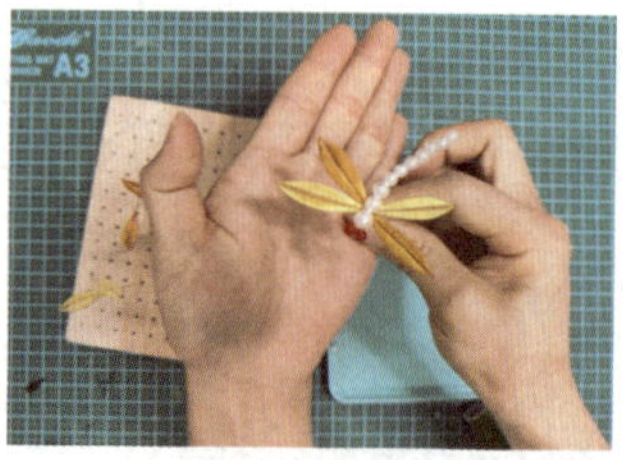

7. 把另一边的翅膀也加上，重复上面的步骤做两只蜻蜓

注：此处补上蜻蜓串珠图解。

图1-1-44 蜻蜓的制作（续）

（5）花叶组合（图1-1-45）。

1. 之前完成的单个花、叶

2. 把蓝色的叶子用强力线绑在花朵上

3. 小花、叶子、颤珠绑一组，注意调整疏密关系

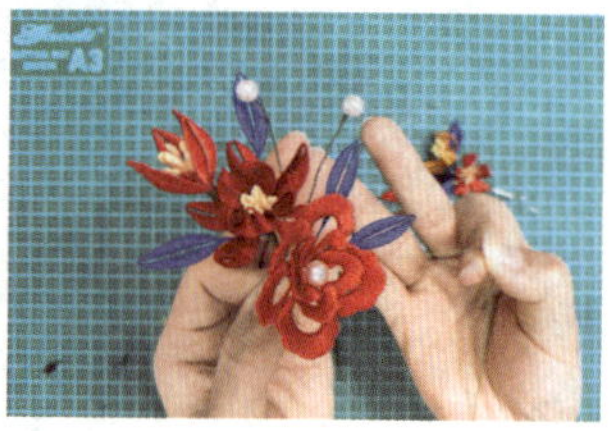

4. 把其他小花朵也绑成一小组

5. 把所有的花绑成小组

图1-1-45 花叶组合

3. 缠花发冠——发冠组合。

（1）绑发冠主体（图1-1-46）。

1. 网上买的发冠主体

2. 要做一个大的发冠，截取一段粗一点的铜丝，放在发冠上面

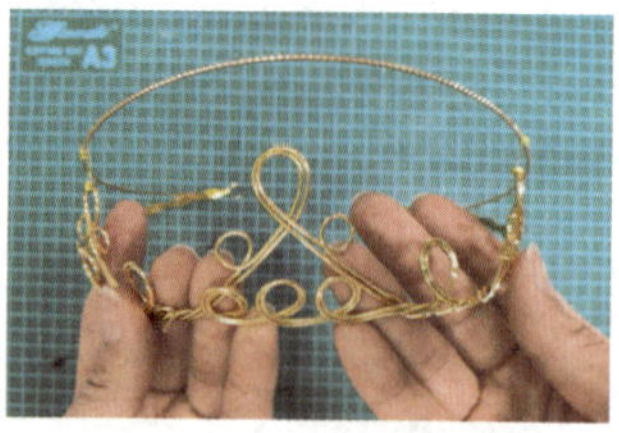

3. 用细铜丝固定好两端

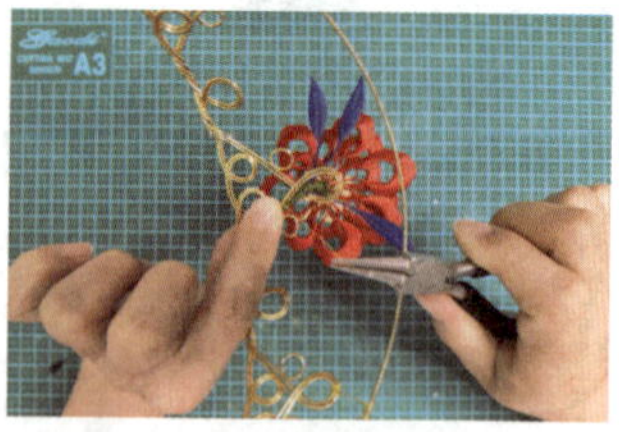

4. 用细铜丝固定好最大的一朵花

5. 用细铜丝将另一朵花固定在步骤2的粗铜丝上

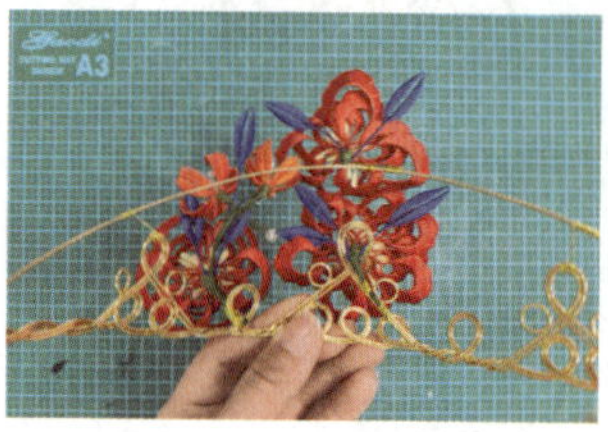

6. 右边用细铜丝固定一组花叶，使叶在发冠小圆圈上

7. 左边操作方法同右边

8. 把两只蜻蜓分别绑在第二层皇冠上

图1-1-46 绑发冠主体

9. 用铜丝穿一条珍珠串，用来装饰发冠

10. 取另一段细铜丝，固定在皇冠的末端，然后每隔3颗珍珠绕一圈，固定珍珠串

11. 调整位置完成

图1-1-46 绑发冠主体（续）

（2）刷金边点缀（图1-1-47）。

1. 用尼龙笔蘸取金墨水，用笔侧轻轻按压叶子的边缘即可

2. 花朵也用同样的方法轻轻按压边缘

3. 主要的花朵和叶子点缀完，就可以了

4. 检查一下背面绑铜丝的地方是否已收好，不会刮手即可

图1-1-47 刷金边点缀

（八）思考与讨论

（1）为什么要先把花、叶子组成一个小单体再绑在皇冠上，为什么不是一朵一朵绑上去？

第一，皇冠上面不好绕线，组成一个小单体后再绑在皇冠上较容易。第二，特殊的节日或庆典时才会佩戴皇冠，若想物尽其用，可以日常佩戴，皇冠上每个小单体拆下后，可以独立佩戴或组合佩戴。

（2）刷金边点缀这个步骤，一定要放在最后吗？

不一定，但放在最后有一个好处，可根据情况决定是否刷金边。若不刷金边也好看，就可以考虑不刷。

四、《汉服发簪》缉珠花

（一）汉服发簪

头饰是汉族服饰的重要组成部分。古代汉族男女成年后都把头发绾成发髻盘在头上，以笄固定。男子常常戴冠、巾、帽等，形制多样。女子在发髻上佩戴珠花、步摇、花胜、发簪等饰品。汉族妇女有八大首饰，分别为簪、栉、钗、华胜、步摇、钿花、珠花、勒子（额帕）。

1. 簪

簪，又称发簪、头簪，是由笄[①]（图1-1-48）发展而来的，笄是古人用来插定发髻或连冠于发的

① 笄是古代汉族女子用以装饰发耳的一种簪子，用来插住挽起的头发或插住帽子。

一种长针，可用金属、骨头、玉石等制成，后来专指妇女绾髻的首饰。

发簪（图1–1–49）是汉服文化中不可或缺的元素。发簪出现的初衷是连缀，即连接，有联结的意思，古代的君主或男人以此赠送给喜欢的女孩子作为表达爱意的信物。同时，作为一种头饰，也是古代贵族妇女攀比的物件。

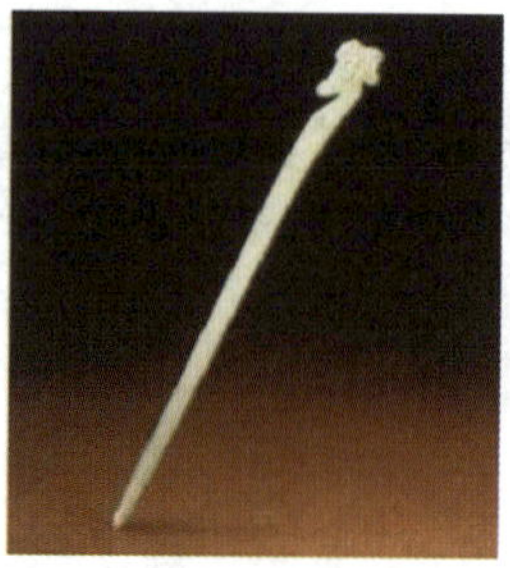

图1–1–48　笄

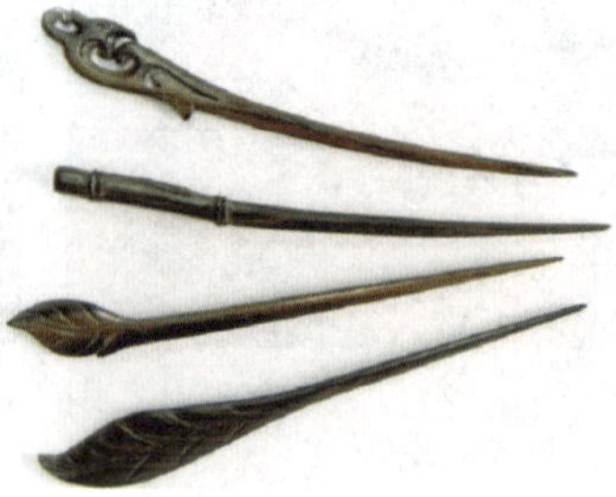

图1–1–49　发簪

我国的簪花习俗已有两三千年的历史，古代女子喜好将鲜花，或是绢花、罗花、绫花、缎花、珠花等作为首饰戴在头上。喜庆之日，朝廷百官巾帽上都簪花。

名画赏析

现藏于辽宁省博物馆的粗绢本设色画《簪花仕女图》（图1–1–50），传为唐代周昉所绘。画中贵族仕女头梳高髻，簪着金步摇，头上分别插着芍药、海棠、荷花、蔷薇和牡丹以装饰。

图1–1–50　周昉《簪花仕女图》

2. 栉

“栉”[①]是梳（图1–1–51）、篦的统称。既是梳理头发的工具，也可以插在发髻上为装饰。梳和篦不是同一个物品，梳子齿距疏松，用于头发梳理；篦子的齿距紧密，用来篦去隐藏发间的头皮屑及虱子等。如《长安十二时辰》（图1–1–52）中，女子盛装打扮后，头顶就有一个古代流行的首饰：插梳。梳源于劳动、御寒、遮羞，大多造型偏狭偏窄，上刻有神纹兽面，有骨梳、牙梳、玉梳等材料制品。盛行后逐渐变成头饰，常用金、银、玉、犀等高贵材料制作，造型从上圆下方似马蹄，逐渐变成圆横方形，后来又转为半月形。

图1–1–51　梳

图1–1–52 《长安十二时辰》剧照

①《说文·木部》记载：“梳，所以理发也。”又名“栉”，梳比（篦）之总名也。段玉裁注：“疏者为梳，密者为比（篦）。”

3. 钗

钗（图1-1-53）是两个簪子组合成的一种首饰，连缀着固定的发髻的双股或多股长针，使用时安插在双鬓。发钗最早起源于隋朝，普及在西汉晚期，除在质料及长短上有所区别外，主要特点还在于钗首上的装饰不同，一般有花鸟钗、花穗钗、缠枝钗、圆锥钗等。每式钗首都是一式两件，花纹相同而方向相反。

钗和簪最大的区别是：钗可分两股，簪为一股。钗不仅是饰物，还是一种寄托情感的表物。古代相爱之人会互相赠送此物，将钗一分为二,一半赠与对方，一半自留，待到重逢时再合一起。钗一般会用金、银、玛瑙等材料制作。

4. 华胜

华胜指的是华丽的首饰、华丽的头饰，实际上是一种花形首饰，通常制成花草的形状插在发髻上或缀于额前（图1-1-54、图1-1-55）。

5. 步摇

“步摇”（图1-1-56～图1-1-58），因行步则动摇而得名。步摇是古代妇女附在簪钗上的一种首饰，多以金、银等制成龙凤、鸟兽、花枝等形，上缀珠玉、玛瑙等，与钗钿相混杂，簪于发上。一般形式为凤凰、蝴蝶等带有翅膀类的造型，或垂有流苏、坠子，走路的时候，金饰会随走路的节奏而摆动，栩栩如生。步摇出现于汉朝，以金为材料，称为花枝步摇。

6. 钿花

钿花是用金、银、玉、贝等贵重物品做成花朵装饰品，如金钿、罗甸、宝钿、翠钿、玉钿等（图1-1-59、图1-1-60）。

图1-1-53 钗

图1-1-54 清嵌宝华胜

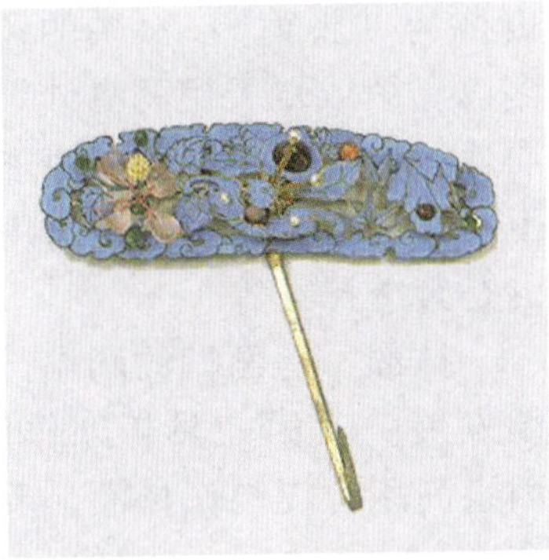
图1-1-55 玛瑙华胜

图1-1-56 步摇

图1-1-57 南唐金镶玉步摇

图1-1-58 清镶玉蝶恋花玉步摇

图1-1-59 清点翠嵌宝石花蝶纹钿子

图1-1-60 钿花

7．珠花

珠花是古代女子身份地位的象征，起初象征“珠联璧合”等美好寓意，用珍珠串在一起做成首饰。北宋以后，用多种宝石镶嵌成串成了新的头饰，人们称之为珠花（图1-1-61）。最后珠花慢慢演变成用宝石珠子穿缀而成的头饰。

8．勒子（额帕、抹额）

最早时，妇女把用来包裹额头的帕巾称为“额帕”（图1-1-62）。额帕是典型的传统配饰，也称为“头箍”。额帕的宽度一般会宽于半指，多以乌绫或夏天用的乌纱等为材料。额帕盛行于唐代，男女均会佩戴。唐宋时，额帕更是成为仪卫制服的一部分，如教官用红绣抹额，招箭班用的是紫绣抹额等。

抹额，是额帕的同类，也可以说是额帕的后续发展。其因兼具御寒作用，故又称“暖额”，因崇尚用兽皮制作抹额，毛茸茸的兽皮暖额围勒在额部，宛如兔子蹲伏，故被形象地称为“卧兔”。抹额以五色锦缎、动物皮毛裁制成后，加各种华美精致的刺绣来装饰，或缀以珍珠宝石。如“87版”《红楼梦》电视剧中的人物均有佩戴抹额的习惯（图1-1-63）。抹额盛行于明代，多用于女性，款式和颜色一般与衣服配套。

（二）缉珠工艺

有一种穿珠工艺称为“缉珠”。“缉”是多音字，在［jī］读音时，字面上的意思是捕捉、缉拿。若读［qī］时，解释为“一种缝纫手法，一针连着一针密密地缝”。所谓“缝纫手法”，说的就是将小珍珠、小珊瑚等手工钻孔，将其缝于刺绣之间来实现三维立体感的一种技法。

缉珠工艺是清代宫廷首饰的一种工艺，其多用于制作搭配宫廷最高等级的吉服、龙袍（图1-1-64）、凤冠、钿子、发钗、朝珠、香囊，纽扣（图1-1-65）、手串、头花（图1-1-66）等，甚至摆件、佛塔、刀具、盔甲、马鞍……都有缉珠工艺存在。

图1-1-61 珠花

图1-1-62 额帕

图1-1-63 《红楼梦》电视剧中王熙凤的毛皮抹额、贾宝玉的二龙抢珠金抹额

图1-1-64　清代绢珠龙袍

图1-1-65　清代铜嵌白红米珠纽扣

图1-1-66　清代点翠镶嵌料珠海棠蝶纹头花

（三）实践内容

1. 制作一个绢珠花头饰

制作绢珠花头饰（图1-1-67）需要完成花瓣的制作、花蕊的制作、组合、绑主体四个部分，实践内容将分2～3课时进行。

2. 实操时间

120分钟。

3. 材料准备（图1-1-68）

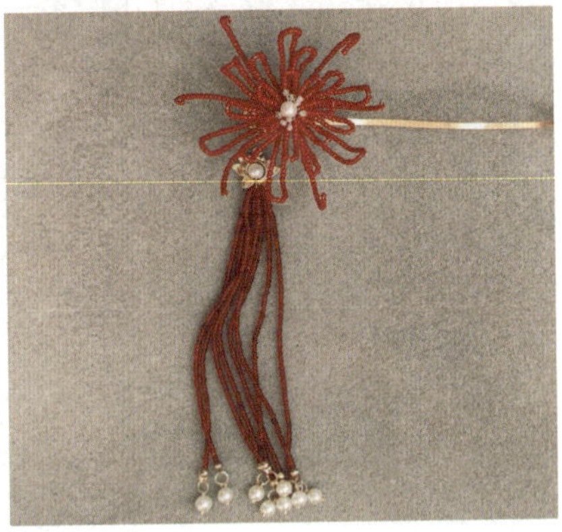

图1-1-67　绢珠花头饰

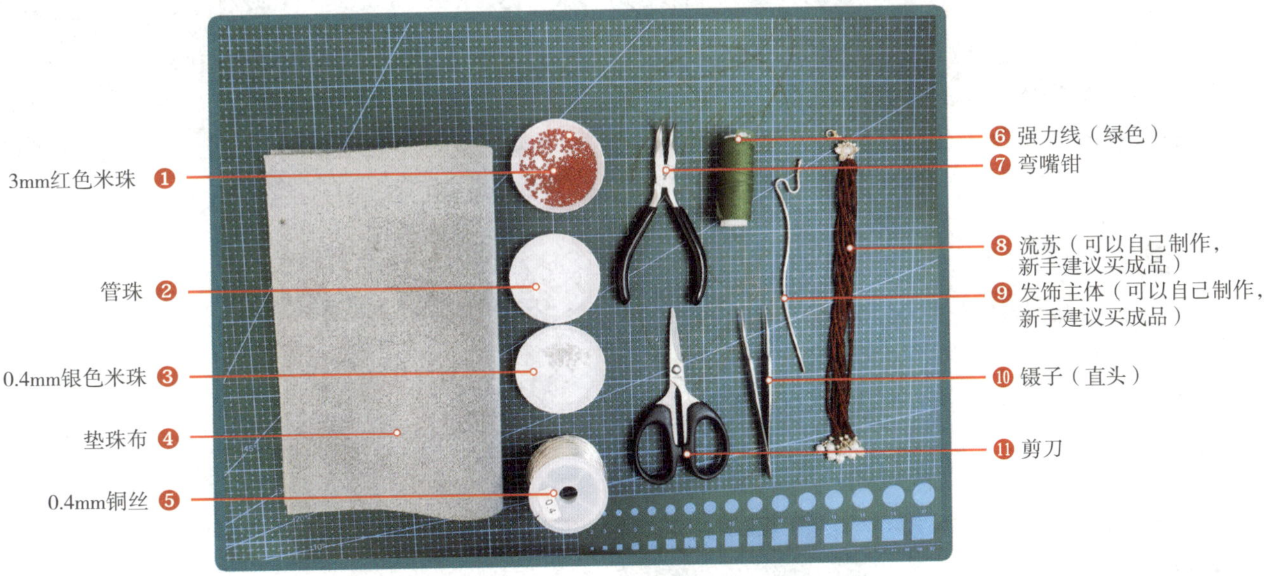

图1-1-68　材料分析图

（四）实践目标

（1）认知目标：了解绢珠工艺和绢珠发簪的制作步骤。

（2）能力目标：能够独立设计、制作符合绢珠工艺要求和审美的作品。

（3）情感目标：感受中国传统工艺，领悟先辈们的工匠精神。

（五）关键词

缉珠工艺、缉珠发簪

（六）实践步骤

1．花瓣的制作（图1-1-69）

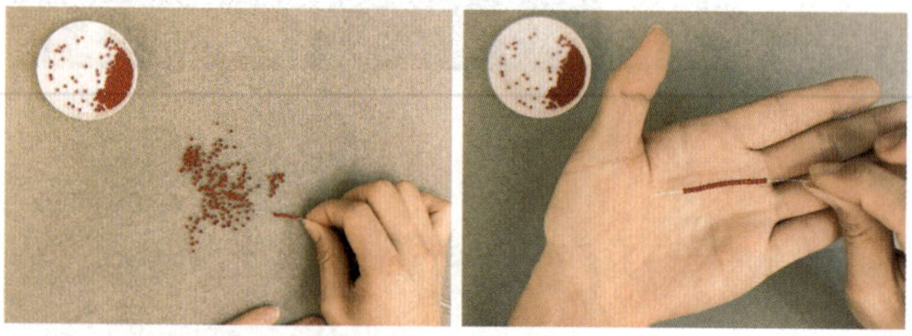

1. 把米珠放在垫珠布上，然后穿20颗米珠

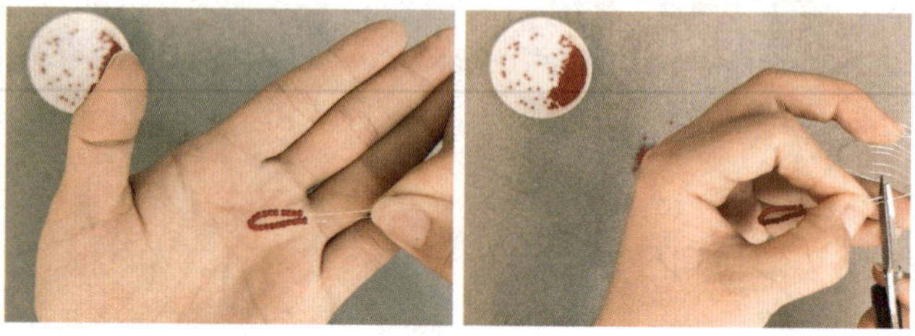

2. 对折，留出2cm左右的铜丝，然后把多余的铜丝剪掉

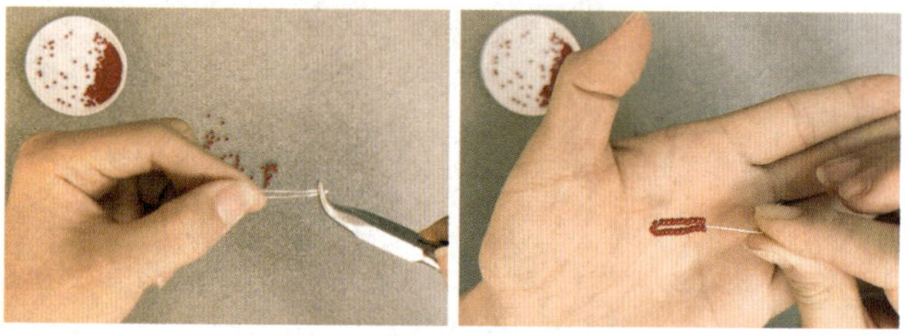

3. 用弯嘴钳夹住铁丝末端，拧紧

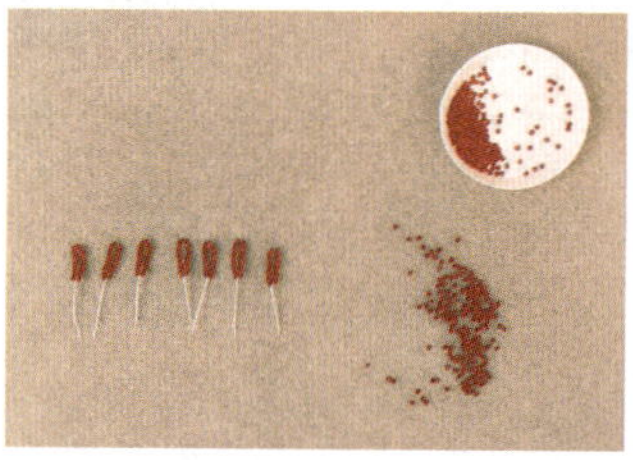

4. 重复步骤1～3，做出7个小花瓣

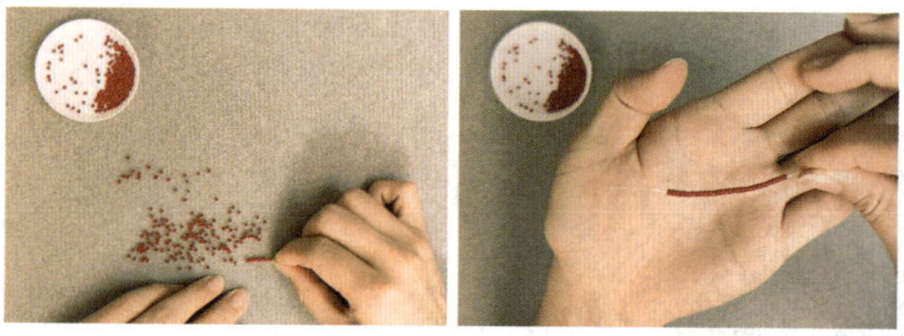

5. 取一截铜丝，穿30颗米珠

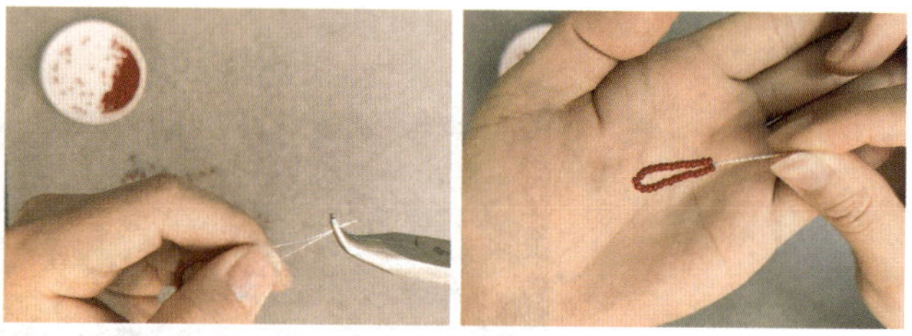

6. 用弯嘴钳夹住铁丝末端，拧紧

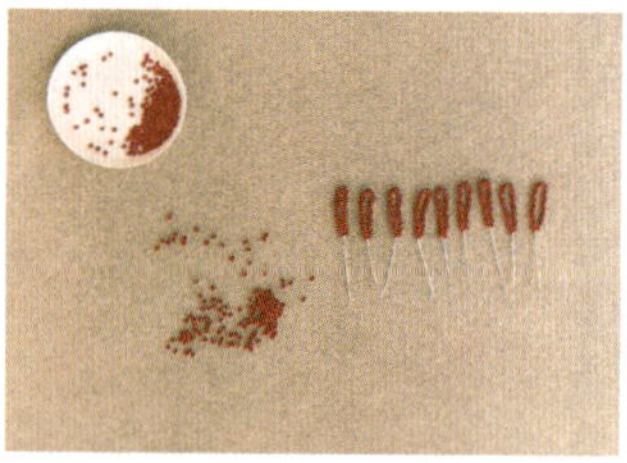

7. 重复步骤5～6，做出9个中花瓣

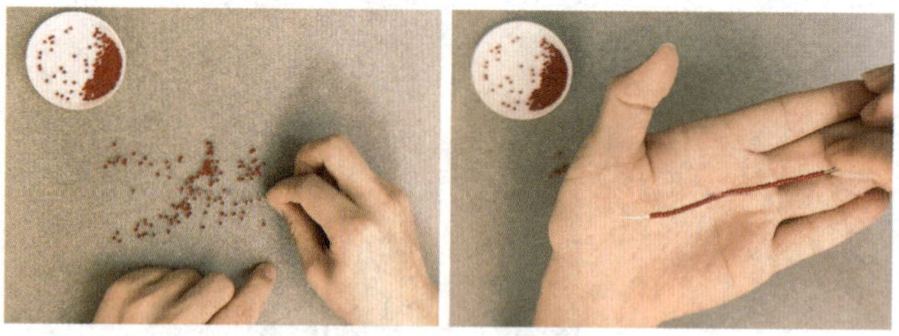

8. 取一截铜丝，穿45颗米珠

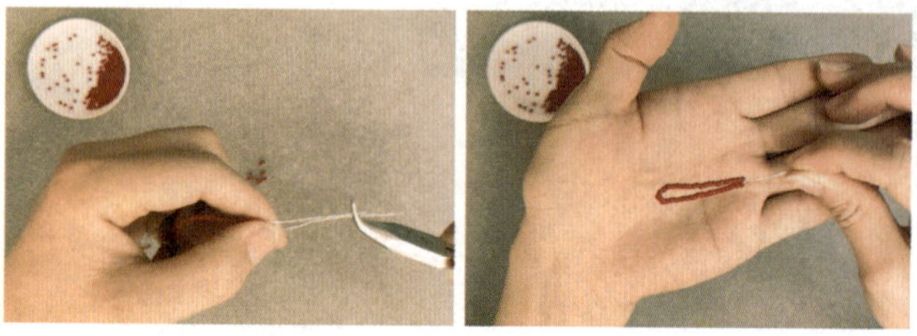

9. 用弯嘴钳夹住铁丝末端，拧紧

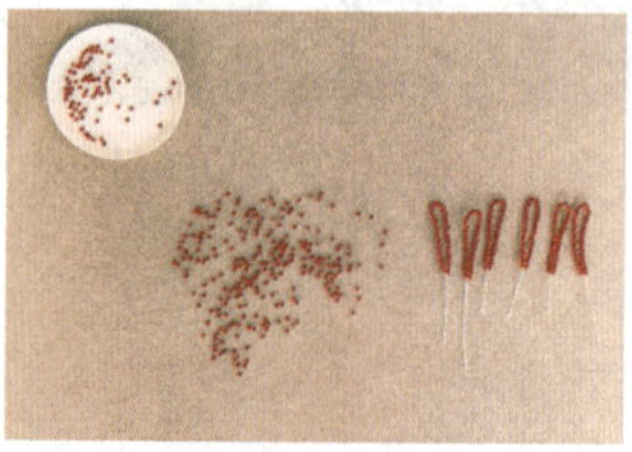

10. 重复步骤8～9，做出6个大花瓣

图1-1-69　花瓣的制作

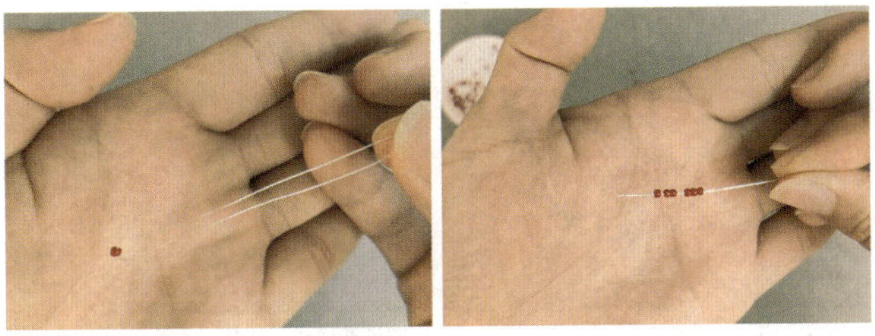

11. 取一截铜丝，穿过1颗米珠，然后把两根铜丝并在一起穿

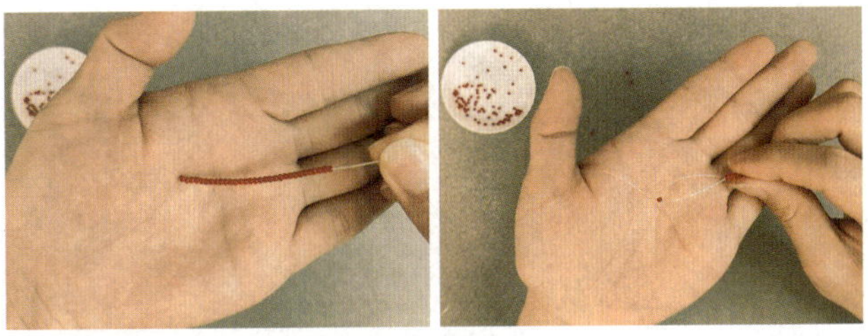

12. 穿过35颗米珠，然后对穿1颗米珠

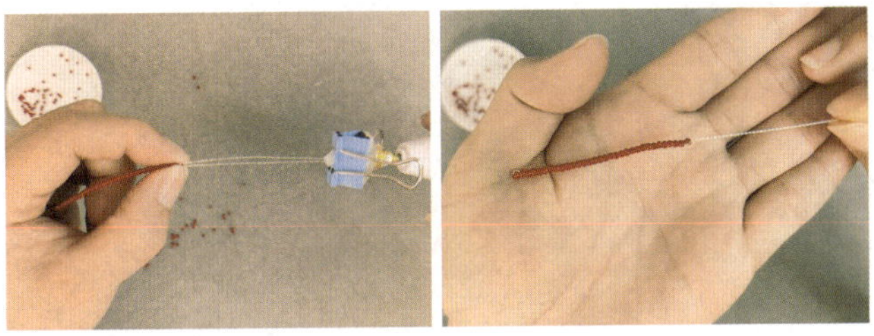

13. 用拧铜丝工具把铜丝拧紧

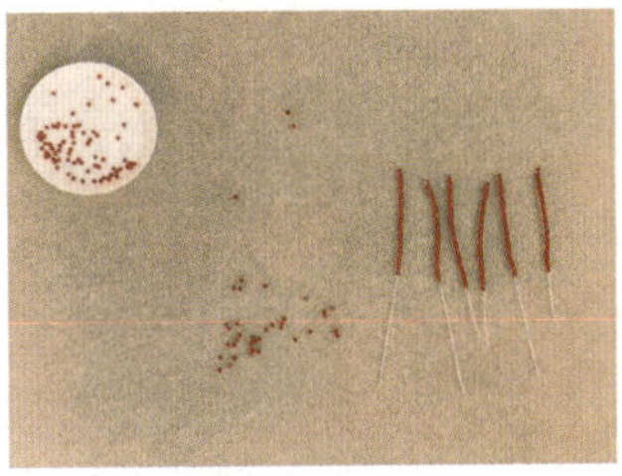

14. 重复步骤11～13，制作出6根单线花瓣

图1-1-69　花瓣的制作（续）

2．花蕊的制作（图1-1-70）

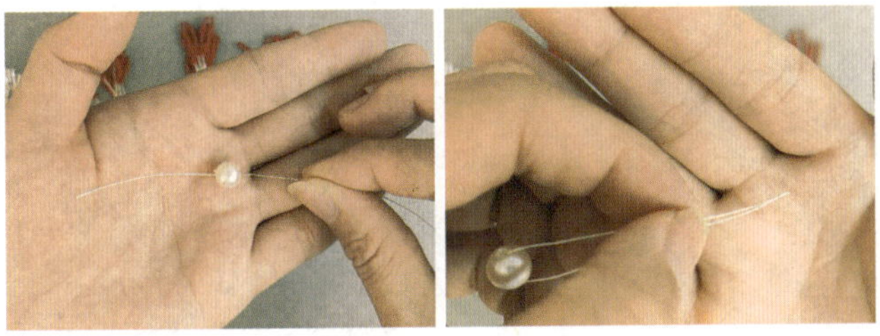

1. 取一截铜丝，穿过1颗珍珠，对折

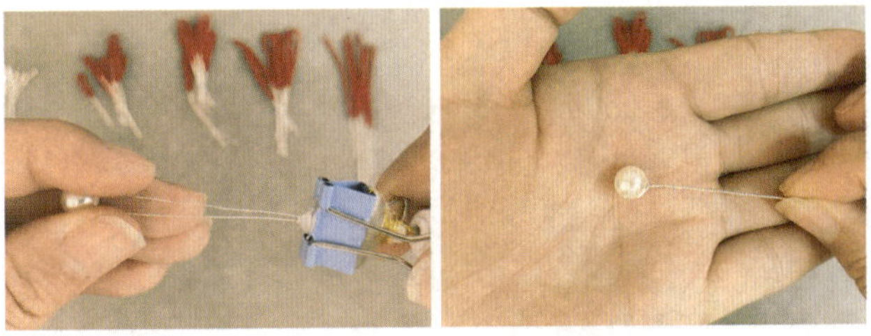

2. 用拧铜丝工具把铜丝拧紧

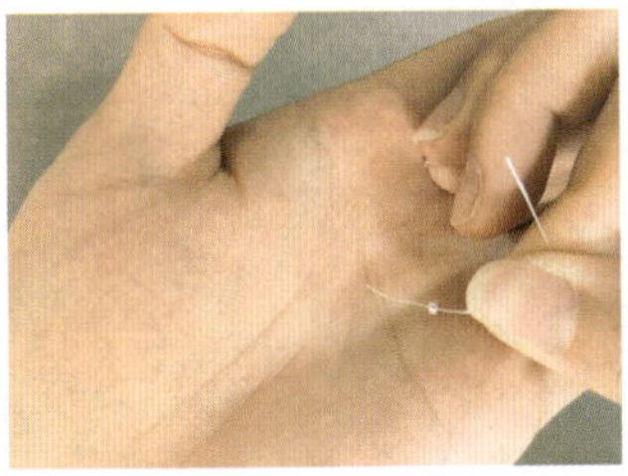

3. 取一段铜丝，穿过1颗银色米珠

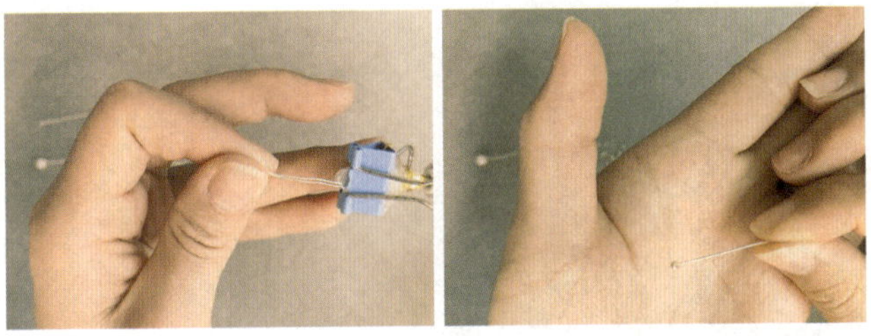

4. 用拧铜丝工具拧紧

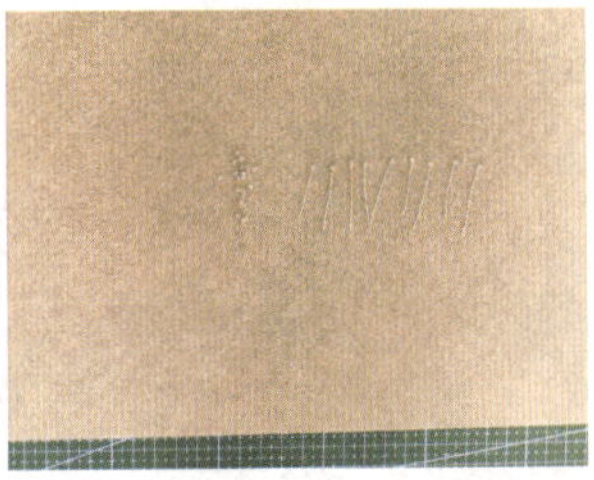

5. 重复步骤3～5，制作出若干个花蕊

图1-1-70　花蕊的制作

3．组合（图1-1-71）

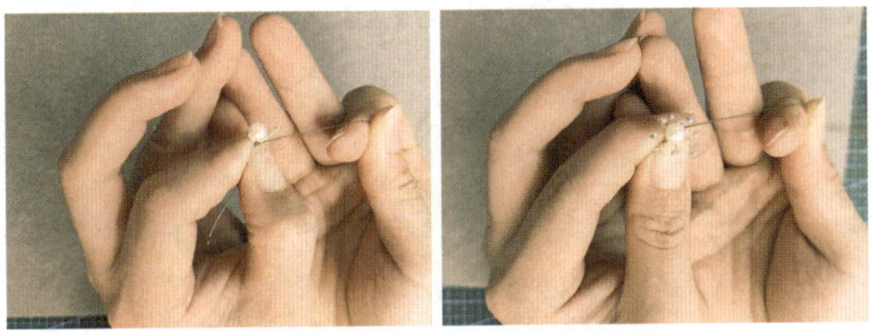

1. 用强力线把花蕊绑在珍珠周围，调整一下距离

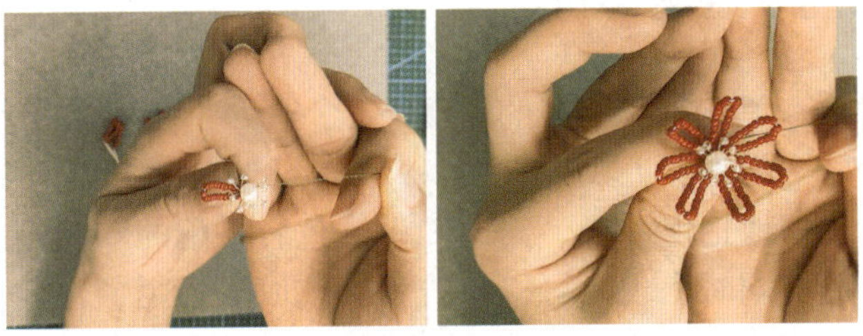

2. 把小花瓣均匀绑在花蕊周围

图1-1-71　组合

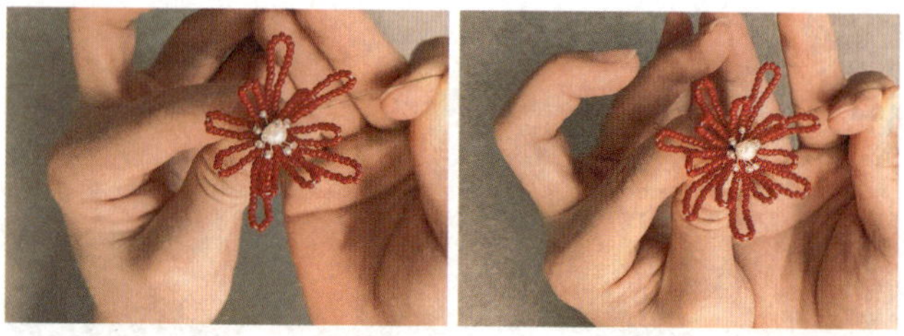

3. 两个小花瓣中间绑一个中花瓣，调整距离

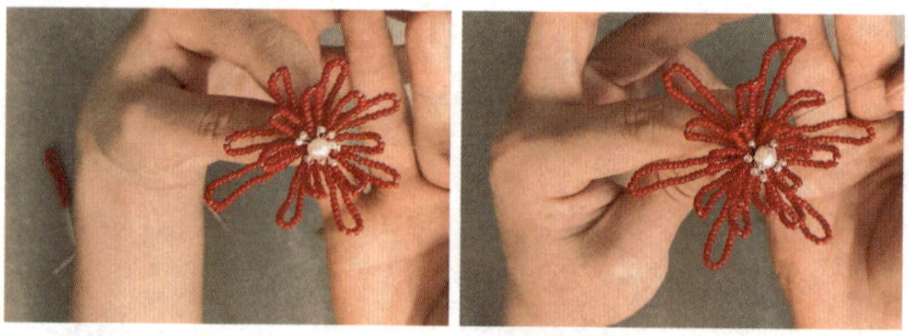

4. 把6个大花瓣分别绑在上面，调整距离

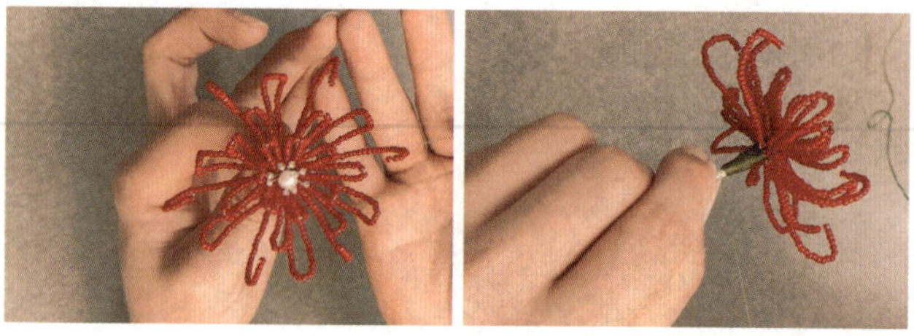

5. 每两个大花瓣的中间绑上1个线条花瓣，用强力线继续往后面缠，大概缠到5cm就差不多了

图1-1-71 组合（续）

4．绑主体（图1-1-72）

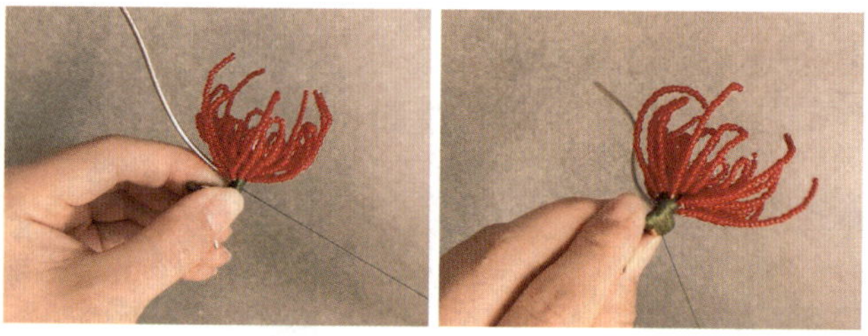

1. 把组合好的花放在主体上，然后用强力线缠紧

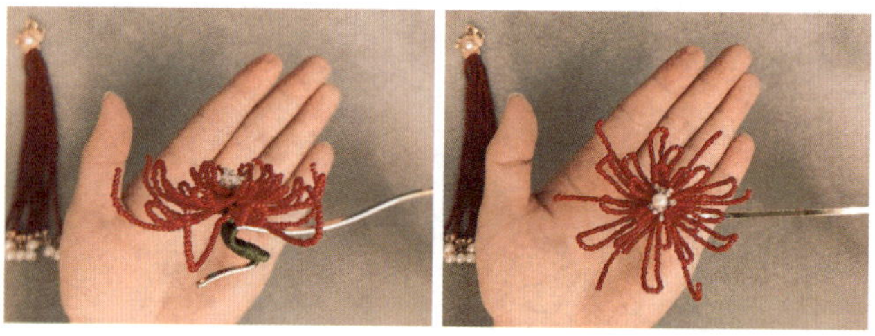

2. 继续用强力线缠绕，把花朵上的铜丝全部收进去就可以了

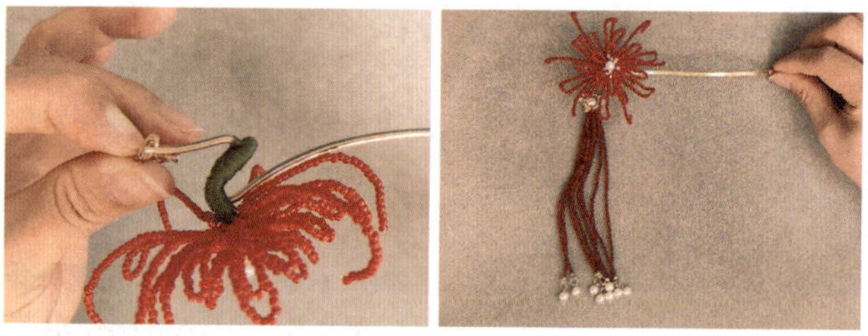

3. 把流苏挂上去就完成了

图1-1-72 绑主体

（七）思考与讨论

怎样制作不同的绢珠饰品？

绢珠的形式有很多种，做绢珠的时候要有意识地把点、线、面的知识、色彩搭配的知识用上，同时表现时可以以线为主或以面为主，甚至以体块的形式表现均可，找到规律就可以做出不同的绢珠饰品。

五、《汉服发簪》仿点翠

（一）点翠

在世界艺术殿堂中，有一种神秘的蓝色珍宝仅属于中国，被珍藏在故宫珍宝馆，备受瞩目。它就是“点翠”。

点翠是首饰制作中的一个辅助工种，起着点

缀、美化金银首饰的作用。工艺制作流程主要是先用金或镏金的金属做成不同图案的底座，再将翠鸟的羽毛仔细镶嵌在座上，从而制作成各种首饰器物。

点翠始于春秋战国时期，《禽经》①是有最早记录的典籍。其技术工艺最早出现在汉魏时期，梁简文帝萧纲云“谁家总角歧路阴，裁红点翠愁人心”，就已出现“点翠”的名称。其在唐朝多用于衣服上，宋朝后慢慢转为以首饰为主，明朝时期的点翠工艺用在器具上，但真正被广泛使用，却是在清朝时期以花丝为胎，翠羽为形，精心制作出图案，并成为权贵们的专属之物。清朝是点翠工艺发展的鼎盛时期，但清朝的点翠是源自宋元铺翠或是年代更为久远的辅翠工艺（图1-1-73～图1-1-76）。

点翠工艺，其实就是中国传统的珠宝加工技术，是翠鸟的羽毛和金银相结合的精品珠宝产品。其最重要的原材料为翠鸟羽毛。一只翠鸟，只能贡献出8根羽毛，50根绒毛。一顶凤冠，通常要用掉上百只翠鸟的羽毛。

翠鸟（图1-1-77），又叫翡翠，是一种生长在中国福建省南部和广东省一带的留鸟。它全身呈翠蓝色，腹面棕色，其背尾和双翼都长着亮蓝色且泛荧光的羽毛，这种羽毛在不同的光线下可呈现出皎月、湖色、深藏蓝等不同色泽，光彩夺目，富于变化。因此，点翠首饰的特点是一抹幽蓝会跟随光线变化而流转出不同的色泽。这源于翠鸟羽毛的特殊结构，而这种特殊结构也造成了翠羽的不可替代性。用“点翠”技术制作的首饰色泽光亮，不褪色。一件点翠饰品真正的“魂”

图1-1-73　清代银点翠凤冠

图1-1-74　点翠如意绿玉耳环（中国“台北故宫博物院”）

图1-1-75　清《月曼清游图》局部

图1-1-76　清雍正《十二美人图》立持如意局部

图1-1-77　翠鸟

①《禽经》是我国早期的鸟类志，传为春秋时师旷撰，全文三千余字，是作者在参阅前人有关鸟类著述的基础上，总结了宋代以前的鸟类知识，包括命名、形态、种类、生活习性、生态等内容。

是它集花丝镶嵌、錾刻、鎏金、点翠四项工艺于一体，而花丝镶嵌是点翠饰品最为重要的部分。

点翠工艺分为硬翠、软翠两种：硬翠是指多用剪和贴的手法，将羽毛面积较大的翅膀上和尾巴上的羽毛裁剪成片的形状，点到胎底上。硬翠的特点是平整，呈片状，肌理明显，光泽感强，质感粗些，硬度适合（图1–1–78）。软翠是指鸟脖子上和背部的最鲜亮的绒毛。软翠的特点是质地柔软、细腻，面积较小，价格会更贵些，制作的时候几乎是一根根点的，更加考验点翠人的技艺（图1–1–79）。点翠的羽毛以翠蓝色和雪青色的翠鸟羽毛为上品。

点翠首饰的尊贵使人们对其渴求似乎永无止境，导致民国时疯狂捕杀翠鸟，一度使这种拥有绝妙身姿的生灵濒临灭绝。如今，部分翠鸟已成为国家二级保护动物，禁止捕杀。现在广泛流传的仿点翠，不断将点翠现有的传统之美发挥到极致。使用蓝色缎带、丝带（图1–1–80）、烧蓝、染色鹅毛、刺绣（图1–1–81）等来模仿、替代翠羽点翠，或是以孔雀翎代替点翠材料。

（二）案例解读

点翠常用于梨园戏行名角儿的头面（图1–1–82），现在很多中式婚礼也喜欢用仿点翠做发饰（图1–1–83），虽然不是搭配宫廷吉服、秀禾服和裙褂，但也能展现东方的韵味。

图1–1–78　硬翠首饰

图1–1–79　软翠首饰

图1–1–80　缎带点绸蝴蝶顶花

图1–1–81　刺绣仿点翠

图1–1–82　戏剧中的仿点翠发冠

图1–1–83　中式婚礼中的仿点翠发冠

（三）实践内容

1．制作一个仿点翠发簪

仿点翠发簪（图1-1-84）的制作工艺包括羽毛处理、仿点翠制作两个部分，实践过程需要2～3课时。

2．实操时间

40～80分钟。

3．材料准备（图1-1-85）

图1-1-84　仿点翠发簪

图1-1-85　材料分析图

❶ 花艺雪梨纸
❷ 精挑孔雀毛若干
❸ 硅胶垫
❹ 点翠底胎（自己做也可以，新手建议购买底胎）
❺ 玛瑙装饰石
❻ 珠宝速干胶水（B-6000/B-7000）
❼ 尼龙排笔
❽ 手术剪刀（弯头）
❾ 镊子（弯头）
❿ 镊子（直头）
⓫ 签字笔（最好用红色，没有的话用蓝色也行，不建议用黑色）
⓬ 翘头葡萄修果专用剪刀
⓭ 羽毛胶水

（四）实践目标

（1）认知目标：了解点翠工艺，了解点翠饰品的制作步骤，以及技法原理。

（2）情感目标：从点翠首饰的设计制作中，感悟工匠精神，感悟劳动人民的智慧，传承传统技艺，弘扬传统文化。

（3）能力目标：能够设计与制作出符合当代人民审美的仿点翠作品。

（五）关键词

孔雀毛处理、点翠工艺

（六）实践步骤

1. 羽毛处理

选择孔雀毛代替翠鸟羽毛（图1–1–86）。

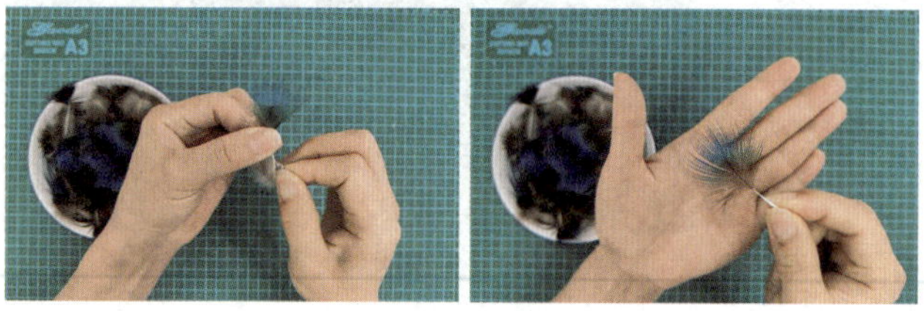

1. 把羽毛上不需要的黑毛撕掉

2. 用尼龙排笔蘸取适量羽毛胶，按住羽毛根部顺着羽毛的方向刷胶

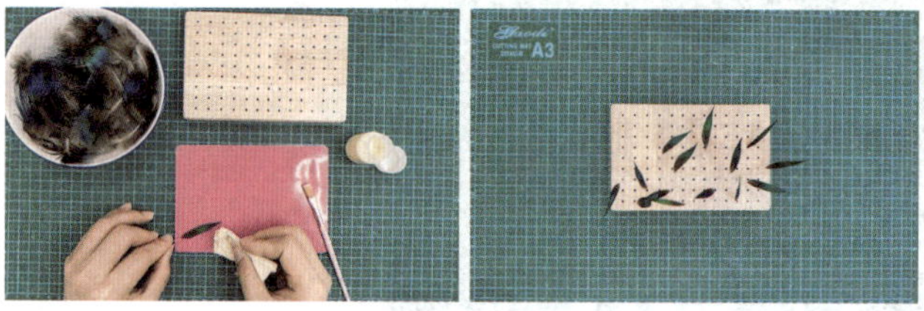

3. 纸巾折好擦去多余的胶水，放到阴凉处晾干

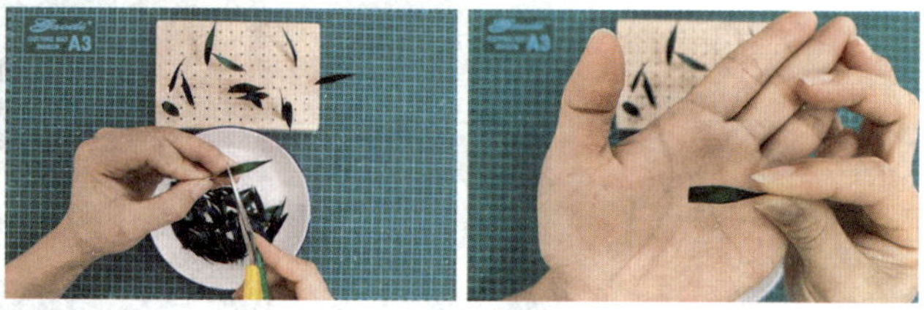

4. 修剪晾干后的羽毛，剪掉羽毛根部以及黑色羽毛部分

图1–1–86　羽毛处理

2. 仿点翠制作（图1-1-87）

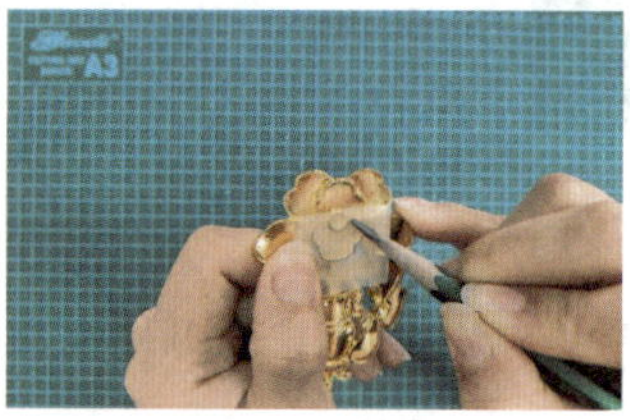

1. 剪一块普通花艺雪梨纸，雪梨纸放在底胎上，用手指按出痕迹，再用铅笔平着描出印记

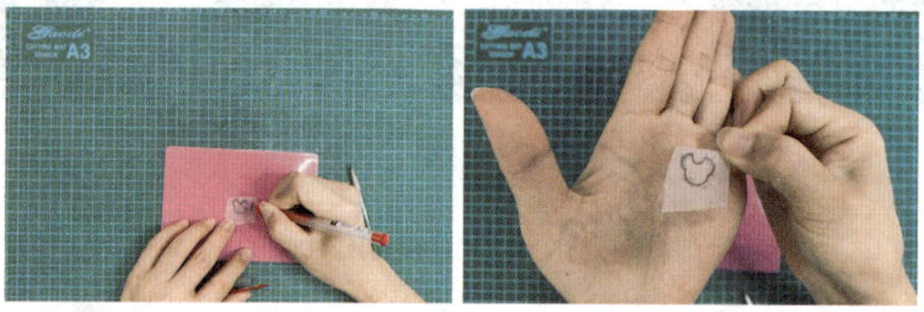

2. 用红色签字笔在雪梨纸背面印有铅笔的地方再描一遍，贴上羽毛也会看得很清楚

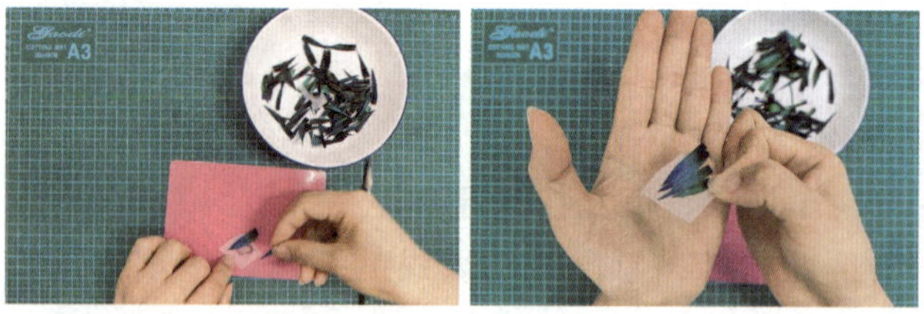

3. 把胶水涂在铅笔描的那一面，涂抹均匀，用弯头镊子把合适的羽毛贴上，注意羽毛要符合底胎纹理的走向

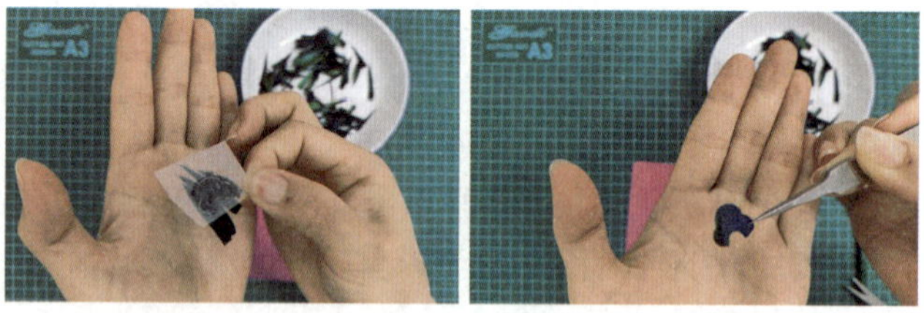

4. 用小剪刀在反面沿着红色印记剪下来

5. 把剪下来的羽毛放在底胎上看一下大小是否合适，不合适的话要重新修剪

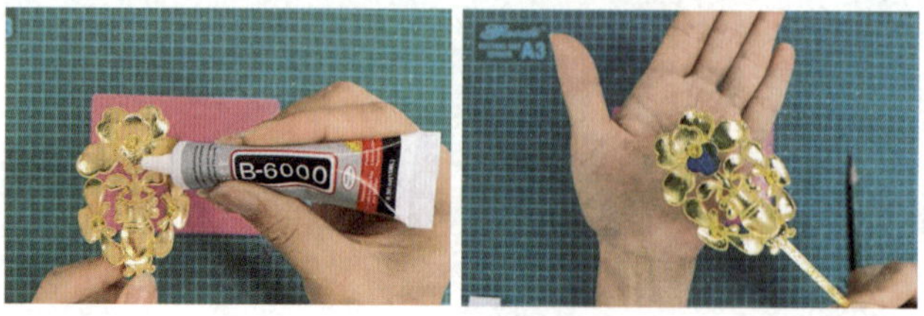

6. 底胎涂上胶并涂抹均匀，再把羽毛放上去粘好，轻轻按压

图1–1–87　仿点翠制作

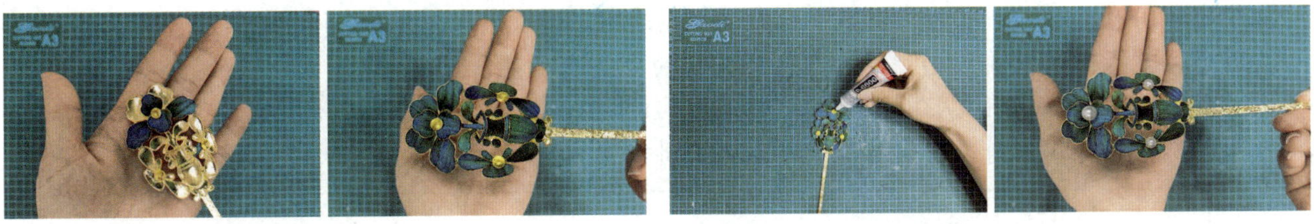

7. 重复1～6步骤，直至全部完成

8. 在镶嵌珠子的地方涂胶水加上珍珠或玛瑙点缀

图1-1-87 仿点翠制作（续）

（七）思考与讨论

（1）如何选择代替翠鸟羽毛的材料？

现代仿点翠材料有很多，常见的有蓝绸缎、染色鹅毛、孔雀毛、鹦鹉毛等，可以通过需要呈现作品的色泽来选择仿点翠材料代替翠鸟羽毛。

（2）如何修剪羽毛能刚好嵌入首饰的底胎成品？

首先在雪梨纸上绘画时正反两面都需要画，若只画一面，羽毛张贴上后就看不清原有的轮廓了。另外，使用雪梨纸拷贝轮廓时，一般都是在底胎轮廓里，为了有更好的镶嵌效果，需要沿绘制的轮廓外剪。

第二节 广东粤剧

一、广东粤剧简介

广东地处岭南，不仅有独特的自然环境，还有丰富的人文资源，非物质文化遗产项目有粤剧、舞龙、舞狮等。

广东的传统艺术瑰宝之一粤剧（Cantonese Opera），是中华传统文化的一个重要组成部分。粤剧，又称“大戏”或“广东大戏”，是以粤语方言演唱的广东传统戏曲剧种，融汇明清以来流入广东的海盐、弋阳、昆山、梆子等诸腔，并吸收珠江三角洲的民间音乐所形成的以梆子、二黄为主的一大剧种。

粤剧发源于佛山，形成于广东，后传入广西、香港、澳门、台湾，在东南亚和美洲各国有华侨居住的地方均有粤剧演出。

名词解释

非物质文化遗产，是指各族人民世代相传，并视为其文化遗产组成部分的各种传统文化表现形式，以及与传统文化表现形式相关的实物和场所①。这种非物质文化遗产世代相传，在各社区和群体适应周围环境以及与自然和历史的互动中，被不断地再创造，为这些社区和群众提供

① 引自：人民网“文旅·体育”中《传承弘扬中华优秀文化 巩固拓展非遗扶贫成果》文章（2021-05-20）。

持续的认同感，从而增强对文化多样性和人类创造力的尊重①。非物质文化遗产是一个国家和民族历史文化成就的重要标志，是优秀传统文化的重要组成部分。

粤剧名列于2006年5月20日公布的第一批518项国家级非物质文化遗产名录。2009年9月30日，粤剧获联合国教科文组织肯定，列入人类非物质文化遗产名录。

粤剧是集合唱念做打、乐师配乐、戏台服饰、抽象形体的表演艺术，题材多取自民间传奇、历史或神话故事。粤剧每一个行当都有各自独特的服饰打扮，以后又在伴奏乐器上大胆采用了一些西洋乐器来增强、烘托戏剧效果。

今天，粤剧文化呈现各种语言的转译或表达，粤剧文化符号的视觉化转译也是基于符号的综合性与粤剧视觉化描述的迫切性而产生的。如：香港以粤剧剧目为主题的特别邮票（图1-2-1），以粤剧人物为图案的纸钞（图1-2-2），广东粤剧院联合第一福品牌推出“睇大戏，饮啖茶，食件饼”三合一的文创套盒（图1-2-3）……兼具粤剧文化属性和实用价值的表达，呈现出粤剧的鲜明特色。

图1-2-1　以“粤剧剧目”为主题的特别邮票

图1-2-2　以粤剧人物为图案的纸钞

（一）粤剧角色

在粤剧及中国戏曲中，戏剧内的角色被称为行当。粤剧的行当，原合称十大行当：为一末（老生）、二净（花面）、三正生（中年男角）、四正旦（青衣）、五正丑（男女导角）、六员外（大花面反派）、七小（小生，小武）、八贴（二帮花旦）、九夫（老旦）、十杂（手下、龙套之类）②。后来根据角色的年龄、性别、性格、外形等特征精简为六柱制，即文武生、小生、正印花旦、二帮花旦、丑生、武生（图1-2-4左至右）。

图1-2-3　“睇大戏，饮啖茶，食件饼”三合一的文创套盒

① 引自：人民网“传媒”中《影像记录非物质文化遗产的方法研究》文章（2019-08-06）。

② “末”代表年老角色。“净”就是性格刚强、暴躁的男性角色。“生”代表男性角色；“旦”代表女性角色；“丑”就是滑稽角色。

图1-2-4　粤剧行当（六柱制）

（二）粤剧面谱

面谱也称脸谱，而古老的粤剧又将面谱称为“开面”。粤剧文化符号，多数从面谱的元素出发。面谱是一种图案化的化妆艺术，整体造型上一般采用夸张的线条、强烈的色彩和象征性的图案，勾画出人物性格气质和脸部特征的特殊化妆。这种特殊的化妆手段，是通过强烈的色彩，运用装饰的、象征的手法来刻画戏曲人物的外貌特征以及揭示人物的性格品质。因此，当观众看戏时，通常一见脸谱角色登场时，看其妆容便知其人物是代表正义或奸邪、善良或丑恶。

粤剧面谱上，花纹作为图形符号为观众传达信息，线条粗细以及纹路走向的变化，用于人物面部表情的夸张体现，赋予了角色更加细腻的性格特征。同时，面谱强调嘴脸生动，眉目传神。在勾绘时，将额头、眉眼、嘴、鼻视为整体进行描绘，强调构图饱满及色块清晰，不仅要通过脸谱图案准确呈现所扮演角色的身份、性格特征，更需要传递“真、善、美”的本质。粤剧面谱的图案比较简朴，勾画方法简单。黑白脸谱是粤剧基本的脸谱，即在勾画脸部时用笔涂画图纹之间的接壤处，使黑白两色之间增加一道灰色的过渡色层，增强立体感。

粤剧面谱一般分为七种常见面谱。

1. 红面

红面属于传统粤剧中以红色为主调色彩勾画的面谱，传统习惯以红色象征正义、忠诚、正直的品格，因此开红面者都是戏中的正面人物。开面时，先将整个面部涂上红色，然后用黑色勾出眉、眼、鼻等轮廓，不同的角色有不同的图案特征。如《七虎渡金滩》的孟良、《单刀会》的关羽等角色。开红面者多为武生、二花面等行当，也有以小武行当开面的特例，如传统粤剧《打洞结拜》的赵匡胤（图1-2-5）。

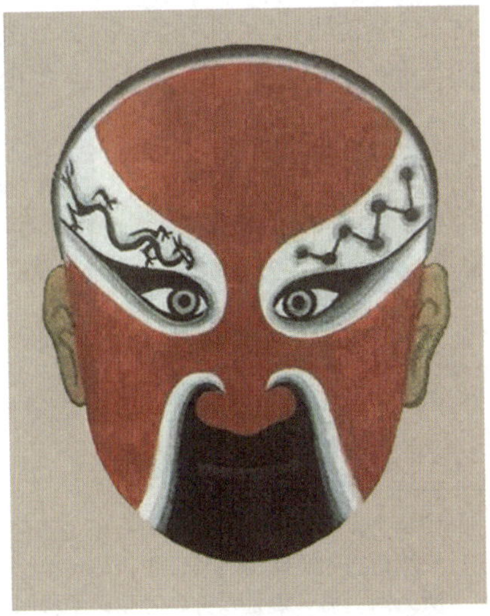

图1-2-5 《打洞结拜》的赵匡胤

2. 金面

金面属于传统粤剧中以金色油彩为主勾画的面谱。其象征角色威严、勇猛，且异于常人。金色象征着高高在上的身份以及地位，面谱的黑白两色与金色的脸谱底色形成了鲜明对比，形成强烈的视觉冲击力，线条的尾部多为尖角，不失粗犷和尖锐，通过面谱的花纹，表现角色在剧中无畏勇猛的神态变化。金面多由净（二花面）、六分等行当扮演戏中番邦大王、将军，或供神怪、妖魔等角色所用。如粤剧《双枪陆文龙·潞安州》的“金兀术”（图1-2-6），后者如《白蛇传·祭塔》的塔神。

3. 白面

白面属于传统粤剧中以白色为主调色彩勾画的面谱。白色在戏曲脸谱中寓意多疑、善诈、阴毒。开面时，将整个脸涂满白

图1-2-6　黄征演绎经典“金兀术”

图1-2-7　《凤仪亭》中的董卓

图1-2-8　《王彦章撑渡》中的王彦章

色，再用黑色勾出眉、眼、鼻等轮廓，眼多画成三角眼，眼角有奸纹。开白面者都是由外脚（大花面）扮演戏中的奸臣，如《凤仪亭》中的董卓（图1-2-7）、《华容道》中的曹操等角色。

4．黑面

黑面属于传统粤剧中以黑色油彩为主，白色为辅勾画的面谱。在传统戏曲脸谱中，黑色象征粗猛、性格暴躁以及豪放，多是性格刚烈的、忠猛威猛的武将。在开面时较多运用传统粤剧特有的洗笔技法。黑面多由净（二花面）、六分[①]，以及后来的武生等表演行当扮演戏中角色所用。如《芦花荡》中的张飞、《王彦章撑渡》中的王彦章（图1-2-8）等角色。另外，传统粤剧的包公面，虽然是以黑棕色为主，但按戏行习惯称之为“黑面”。

5．五色面

五色面是以金、蓝、红、黑、白五种或五种以上的颜色画成的面谱，传统粤剧称之为“五色面谱”，以缤纷的色彩，驳杂的图案，展示角色超脱于世间，异于常人的神秘身份，多是戏中鬼怪、妖魔或天上星宿，神仙下凡转世等角色。传统粤剧《马武夺魁》中的马武，《樊梨花破金刚阵》中的苏宝同都开五色面。

6．象形面

象形面面谱，主要是表现戏中的动物、妖怪，或是动物变成人的角色所勾画的面谱。最主要的特点是把动物面部形象予以图案化，让观众一看就会联想到戏中角色的原型，而产生对角色形象的认同感，例如传统例戏《香花山大贺寿》中的马骝精、《火烧余洪》中的余洪、《孙悟空大战铁扇公主》中的牛魔王等面谱。

7．阴阳面

阴阳面，是在面部两边分面形成两种截然不同的颜色和图案，阴阳面面谱较为特殊，也较为少见，它是由于剧情内容及戏中角色形象的需要，通过开面表现角色特点的特殊面谱。

随着与各地方剧种的交流与接触，粤剧从中吸收了别的地方的特点，从最先的黑白脸变成了现

① 传统粤剧多为武戏，六分是必不可少的表演行当。在早期粤剧十大行当中归属“杂”类。“六分”这一行当称谓的由来，一说是由于该行当勾画脸谱着色部位占演员整个面部比例十分之六，主要指演员脸的下半部不涂颜色，以示与同为开面的净角（二花面）有所区别；另一说是六分勾画脸谱的构图形状，与汉字“六”字相近似，故得名。六分在传统粤剧演出中需要开面，专门扮演会武艺的将军、番王、强盗等配演的角色，多为戏中反派人物。

在的“三块瓦”[①]“五色脸”“金银色”等新的粤剧脸谱形式，极大地丰富了净、丑行当各类人物的形象表现手法。

二、《粤剧面谱》剪纸

（一）剪纸工艺

剪纸，又称窗花、刻纸、剪画，是一种用剪刀或刻刀在纸上剪刻花纹，用于装点生活或配合其他民俗活动的民间艺术。剪纸是各种民俗活动的重要组成部分，交融于各族人民的社会生活中。中国剪纸是世界非物质文化遗产之一。

公元前的西汉时代开始，古人通过雕、镂、剔、刻、剪的技法在金箔、皮革、绢帛或树叶等薄片材料，剪刻纹样并制成工艺品，它们的出现为民间剪纸的形成奠定了基础。战国时期就有用皮革镂花（湖北江陵望山一号楚墓出土文物之一）及用银箔镂空刻花（河南辉县固围村战国遗址出土文物之一）的。中国最早的剪纸作品是新疆吐鲁番火焰山附近出土的北朝时期的《五幅团花剪纸》（图1–2–9）。

作品赏析

新疆古墓中出土的南北朝时期的《五幅团花剪纸》是我国目前发现的最早的剪纸实物，其中剪纸最为突出的是团花造型。

图1–2–9 《五幅团花剪纸》

团花是中国剪纸历史最悠久、运用率最广泛的一种形式。团花的一大特点是花中有花，远看花团似锦，近看花中有意，团团相聚。同时团花重在一个“团”字，以正方形纸的中心点为圆心，将其折叠成几折相同等份，然后在其上剪制图形，每个图形自成单元又相互勾连，展开后组合成一幅均齐的、呈辐射状的团花。

团花剪纸是多次折叠、重复造型，从中心向周围放射多面均齐的剪纸（图1–2–10）。

图1–2–10 团花剪纸

剪纸发展于唐代，南宋时期出现了以剪纸为职业的行业艺人，明、清时期剪纸手工艺术走向成熟，并达到鼎盛，剪纸技艺的运用更为广泛。

剪纸分类

（1）单色剪纸。单色剪纸是剪纸中最基本的形式。常用于窗花装饰和刺绣的底样，其表现形式分为折叠剪纸、剪影、撕纸等（图1–2–11 ~ 图1–2–13）。

① 三块瓦是传统粤剧中一种类型面谱，并无严格规范的谱例，使用红、黑、白三种颜色勾画面谱，以此得名“三块瓦”。如传统粤剧《落凤坡归天》的庞统、《摘星楼自焚》的纣王、《昆仑山子牙斗智》的申公豹等角色，都是勾画三块瓦面谱。勾画过程相对自由，色彩的浓淡粗细和图形通常都由演员自由发挥，角色忠奸都可以使用。其与京剧的“三块瓦”脸谱名同实异。

图1-2-11 折叠剪纸

图1-2-12 剪影

图1-2-13 撕纸

（2）多色剪纸。多色剪纸形式和技法较多，分为点染、套色、分色、填色、木印、喷绘、勾绘和彩编等。

点染剪纸即以颜色在刻纸上进行点色，类似于木版年画的效果（图1-2-14）。套色剪纸与点染剪纸相反，以阳刻为主，大面积镂空，给套色留有余地。作品的背面贴以色纸块，多用黑纸或金纸剪刻（图1-2-15）。

分色剪纸（图1-2-16）其实就是用剪好的两种或两种以上不同颜色、形状的剪纸组合拼贴成一幅画面，也称为剪贴剪纸。而填色剪纸，也称笔彩剪纸。将黑色剪纸贴到白衬纸上，着色时用笔在线条轮廓内涂绘（图1-2-17）。

木印剪纸就是将印刷与剪刻相结合，在木刻印刷后再镂刻，或是在木版印好的剪纸上再染色，或是印刷成剪纸效果直接贴用（图1-2-18）。喷绘剪纸是经喷笔（喷枪）喷染成的一种剪纸形式。可喷在衬纸上或裱好的剪纸上。喷笔喷出的雾点有大小、疏密之分，有特殊效果（图1-2-19）。

勾绘剪纸是剪纸与绘画相结合的一种形式。一种是以剪刻为主并勾绘细部，或是勾出画面再镂空；另一种是用金箔纸刻出花纹的大体轮廓，使某些局部空白，并适当勾以线条（图1-2-20）。彩编剪纸是用各种色彩的纸条，经过不同的裁剪和编织，组成各种几何图案及花卉、动物、人物（图1-2-21）。彩编剪纸的特点是编剪并用。

（3）立体剪纸。立体剪纸不限于单色或多色，它吸取了现代美术的技巧，使剪纸由平面感变为立体化，采用了绘画、剪刻、折叠、粘合等综合手法而产生的一种近于雕塑、浮雕的新型剪纸（图1-2-22）。

图1-2-14 点染剪纸

图1-2-15 套色剪纸

图1-2-16 分色剪纸

图1-2-17 填色剪纸

图1-2-18 木印剪纸

图1-2-19 喷绘剪纸

图1-2-20　勾绘剪纸

图1-2-21　彩编剪纸

图1-2-22　立体剪纸

（二）案例解读

图1-2-23　剪纸脸谱

中国戏曲中很多剧种都有脸谱，如京剧、粤剧、昆剧、秦腔、晋剧、河北梆子、川剧、汉剧、徽剧等。脸谱是其重要组成部分，也是戏曲艺术的重要特征之一。粤剧脸谱是在不断地吸收创新中，逐渐形成了自己独特的个性及风貌，并在中国传统戏剧脸谱文化中，留下了靓丽的一笔，彰显着岭南艺术独特的魅力风采。而戏剧脸谱中的传统元素，在剪纸等不同的艺术形式上也产生了新的效果（图1-2-23）。

（三）实践内容

1. 剪出一幅粤剧脸谱（《鸿门宴》项羽脸谱）作品（图1-2-24）

   该粤剧脸谱作品完成需要对称剪纸、套色剪纸两个部分。

2. 实操时间

   40分钟。

3. 材料准备（图1-2-25）

图1-2-24 《鸿门宴》项羽脸谱

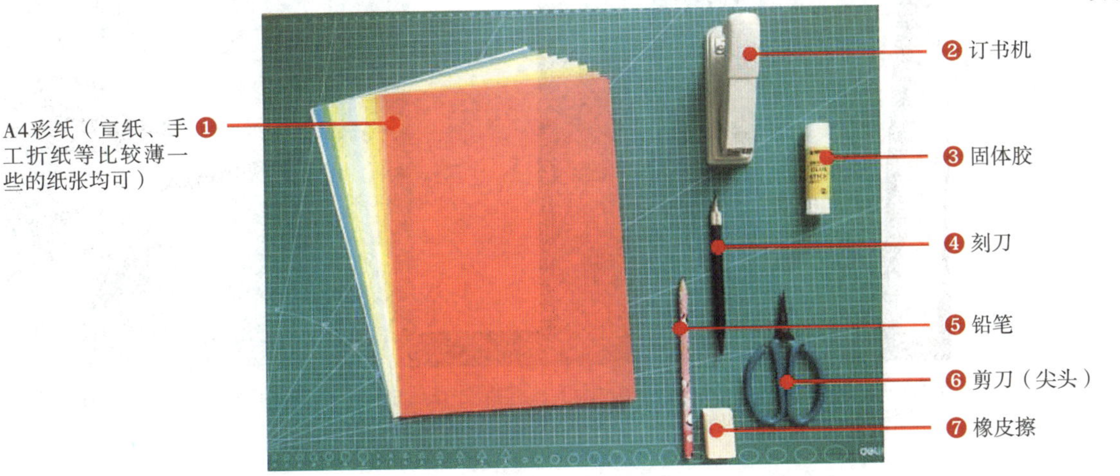

图1-2-25　材料分析图

（四）实践目标

（1）认知目标：了解中国传统戏剧脸谱的造型、色彩，初步了解粤剧脸谱的有关知识，学习我国民间优秀的传统文化，增强民族自豪感。

（2）能力目标：通过本课教学，使学生初步了解粤剧脸谱的特点、样式及有关知识，并学习粤剧脸谱剪纸中的对称剪纸和套色剪纸的方法和步骤，提高对粤剧脸谱的欣赏能力和表现能力。

（3）情感目标：引导学生在观察活动中体验造型乐趣并获得视觉感受，增强学生对粤剧脸谱图形创造的兴趣。

（五）关键词

剪纸、对称、套色

（六）实践步骤

1. 对称剪纸（图1-2-26）

1. 首先绘制好脸谱线稿

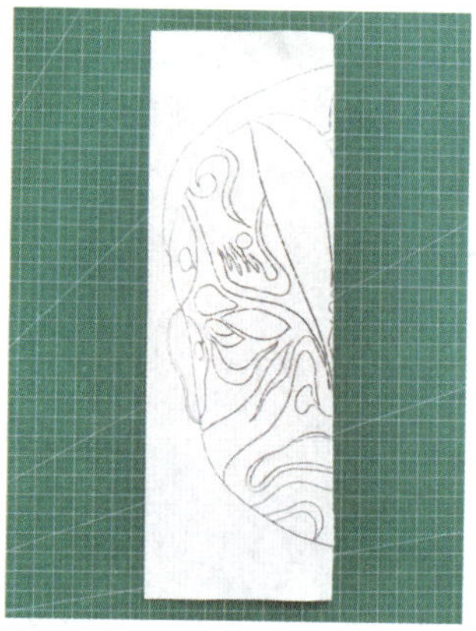

2. 将脸谱沿中轴线对折

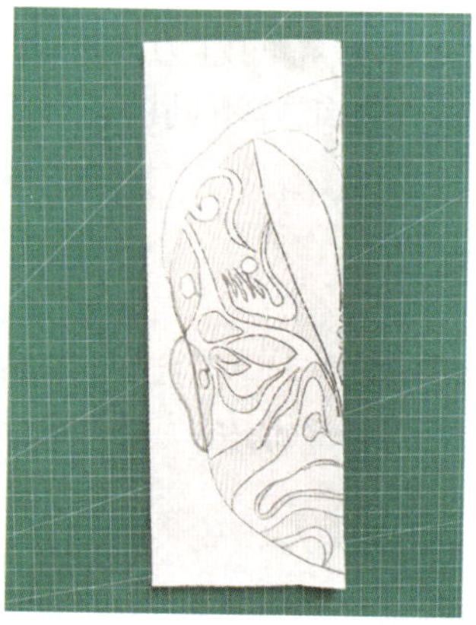

3. 画出需要剪去的阴影部分

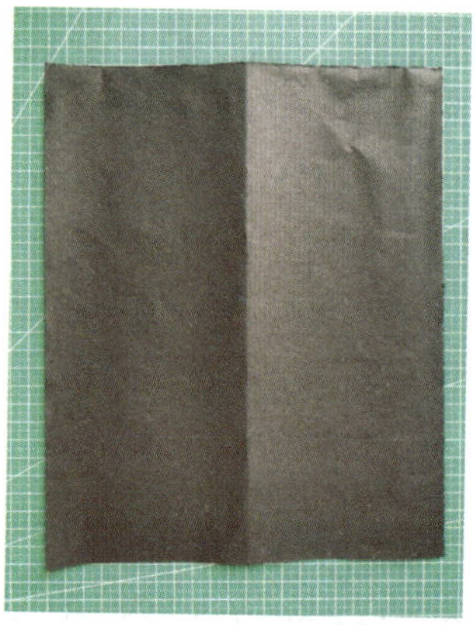

4. 选择黑色A4宣纸，竖线对折

5. 将对称线稿与对折的黑色宣纸相叠，使打不开的一边对齐

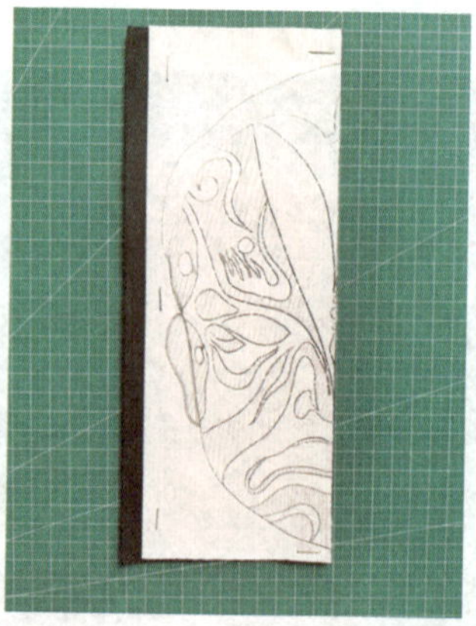

6. 用订书机将对齐后的线稿和黑色宣纸四周固定

7. 用剪刀尖头部位刺穿孔后剪去阴影部分

图1-2-26　对称剪纸

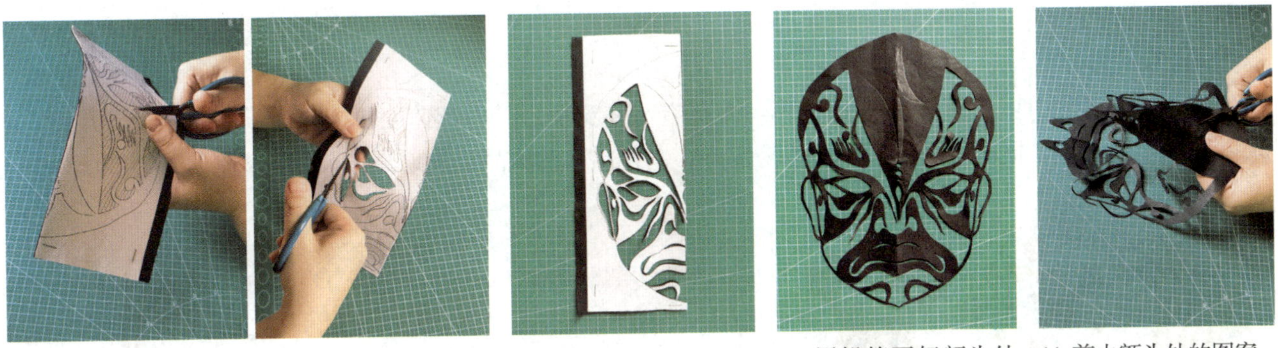

8. 以先小后大、先中间后周围的顺序沿阴影边缘线部分剪开

9. 沿阴影边缘线部分剪开

10. 用铅笔画好额头处的图案

11. 剪去额头处的图案

图1-2-26 对称剪纸（续）

2. 套色剪纸（图1-2-27）

1. 展开平铺

2. 选择套色颜色并画出图案

3. 用固体胶固定套色图案

4. 剪纸图案粘贴在白色A4底纸上

5. 剪纸图案粘贴在白色A4底纸上，完成

图1-2-27 套色剪纸

（七）思考与讨论

如何用剪纸的形式表现粤剧脸谱？

粤剧脸谱的造型多种多样，具有装饰性、程式性、象征性，但是对于想象力丰富的学生们可以更加具有创意性。首先，不一定完全根据图谱来设计脸谱造型，可以在抓住人物身份、性格特点的基础上来选择配色，图案造型也可以大胆创新。其次，要注意剪纸图案造型中阴阳部分关系处理，不要太过于复杂，导致纸张无法连接、断裂。如果出现线条较细或图案连接不上的部分，可稍微加粗或稍作调整，让图案相连。最后，剪纸时要注意先小后大、先中间后周边的顺序。因为纸张比较轻薄，如果先从面积大的部分开始剪，后面小面积的部分着力点不够，纸张就容易破损。同样，如果先把周边剪完，再剪中间就会出现四周太软，双手在握纸和操作剪刀时，容易将周边压坏或划破。所以按照先小后大、先中间后周边的顺序可以让剪纸的过程更顺利。

三、《粤剧面谱》不织布

（一）不织布工艺

不织布工艺在《汉服衣物》章节已经介绍，此处不再过多讲解。

（二）案例解读

非织造布突破了传统的纺织原理，不织布具有工艺流程短、生产速度快，产量高、成本低、用途广、原料来源多等特点。同时，因为不织布容易定型，制作出来的成品可爱逼真（图1-2-28～图1-2-30）。

图1-2-28　不织布卡通作品

图1-2-29　不织布包

图1-2-30　不织布风铃

（三）实践内容

1．制作一个不织布粤剧脸谱（图1-2-31）

粤剧脸谱制作分为脸谱制作、花的制作、头饰制作三个部分。

2．实操时间

40～80分钟。

3．材料准备（图1-2-32）

图1-2-31　不织布粤剧脸谱

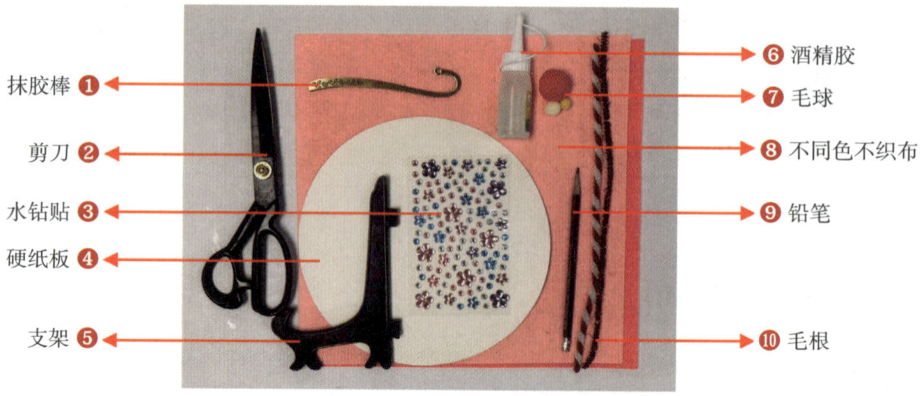

图1-2-32　材料分析图

（四）实践目标

（1）认知目标：了解不织布制作粤剧脸谱的方法。
（2）能力目标：掌握粤剧脸谱的特征表达，提升动手与动脑结合的能力。
（3）情感目标：能够在学习过程中感知粤剧的魅力并传承粤剧文化。

（五）关键词

不织布、粤剧、脸谱

（六）实践步骤

1．脸谱的制作（图1-2-33）

1. 准备1个直径为23cm的纸板
2. 裁剪出发包款式并粘贴在纸板上
3. 裁剪出其他发包款式并粘贴在纸板上
4. 裁剪出眼妆造型并粘贴在纸板上
5. 裁剪出眼睛造型和眼白并粘贴在纸板上
6. 把眼睛粘贴在眼妆上
7. 裁剪出嘴巴造型并粘贴
8. 把毛根粘贴在黑色发包外面
9. 将毛球粘贴在毛根外围
10. 裁剪好鬓角造型并粘贴
11. 用毛根装饰鬓角

图1-2-33　脸谱的制作

2. 花的制作（图1-2-34）

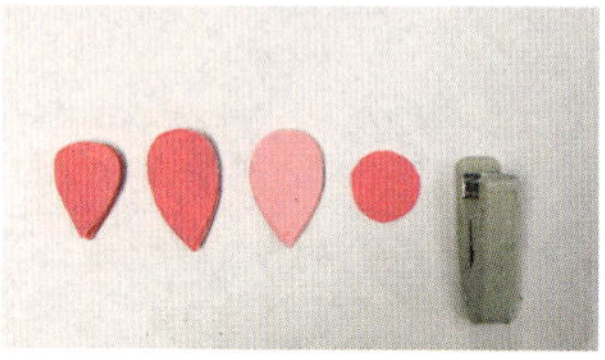

1. 用不织布准备一个圆形和18个花瓣形状

2. 以圆形作为底托拼成一个花形

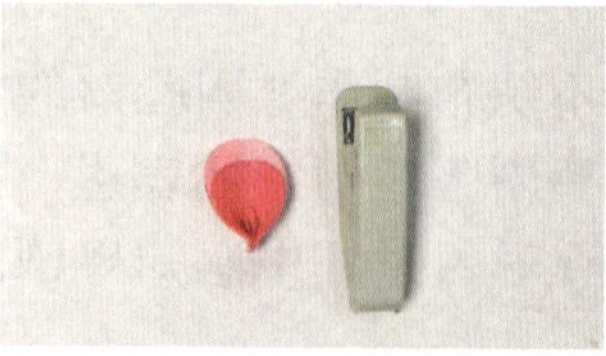

3. 用订书机订出花瓣

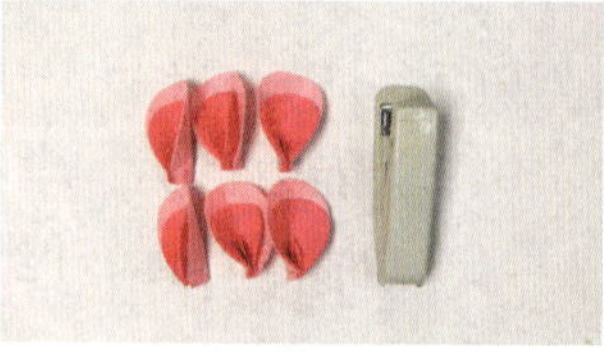

4. 用同样的方法制作6个花瓣

5. 用6个花瓣拼出花形（直径15cm）

6. 在花蕊的位置贴上水钻贴为装饰

7. 用水钻贴装饰花瓣

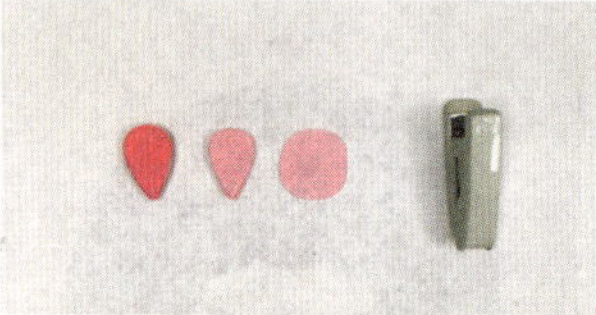

8. 准备一个圆形和12个花瓣

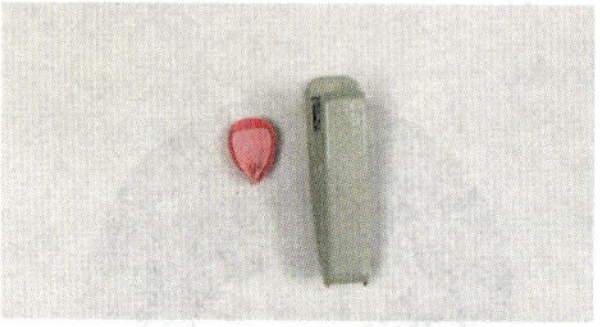

9. 用订书机订出花瓣

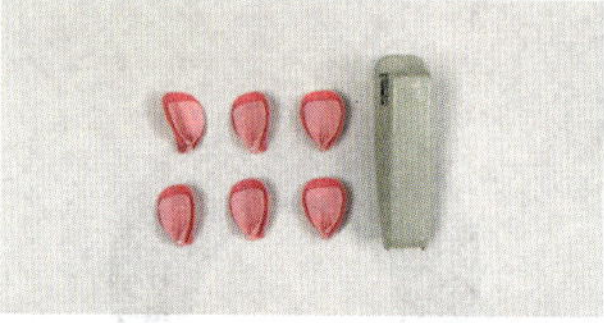

10. 用同样的方法制作6个花瓣

11. 用6个花瓣拼出花形（直径7cm），在花蕊的位置贴上水钻贴为装饰

12. 用水钻贴装饰花瓣

13. 用同样的方法制作另一朵花

图1-2-34　花的制作

3. 头饰的制作（图1-2-35）

1. 用毛根制作一个底托来固定花朵

2. 把花形粘贴在底托上

3. 粘贴右边小花

4. 粘贴左边小花

5. 用毛根制作插头饰物装饰（一）

6. 用毛根制作插头饰物装饰（二）

7. 用毛根制作插头饰物装饰（三）

8. 用毛根制作插头饰物装饰（四）

图1-2-35　头饰的制作

9. 用毛根制作两侧插头饰物装饰（一）

10. 用毛根制作两侧插头饰物装饰（二）

11. 用毛根制作两侧插头饰物装饰（三）

12. 用毛根制作两侧插头饰物装饰（四）

13. 用毛根制作两侧插头饰物装饰（五）

14. 用毛根制作两侧插头饰物装饰（六）

15. 用大号毛球装饰两侧

16. 用小号毛球制作装饰

17. 毛球上用水钻贴作为装饰

图1–2–35 头饰的制作（续）

（七）思考与讨论

（1）头饰的材料是否可以根据具体造型变化？

可以改变，如部分装饰可以用水钻来代替珠片。

（2）色彩如何搭配？

此次造型大部分使用近似色搭配，整体造型大面积统一于一个色系，小面积使用对比色的珠片进行点缀。

四、《粤剧头饰》片子石

（一）粤剧头饰

粤剧头饰是传统技艺制作的艺术品，属于广东省非物质文化遗产。因粤剧头饰多是根据戏曲角色和演员特点量身定制，纯手工制作，工艺繁复精巧，所以极具艺术水准和价值。

粤剧头饰中多数用片子、头套、发髻、饰物，并系统地上片子、戴头套及插头饰物。这些头套、发髻、发辫、发包各有特色、用法、制作方式、佩戴及保养用具等。片子石是粤剧中所有花旦必用的头饰。

头饰种类繁多，角色不同，头饰各有不同。公主及贵妃佩戴的头饰也有正凤和凤冠之分。男角

图1–2–36　粤剧头饰（祖籍佛山南庄工匠大师宁静作品）

图1–2–37　广东省粤剧院艺术家陈韵红扮演的公主、小姐所佩戴的头饰

图1–2–38　粤剧折子戏《花好月圆》书生、将领所佩戴的头饰

也有头饰佩戴的，如太子盔之类。

（二）案例解读

粤剧表演中，基本所有花旦都需要头饰（图1–2–36～图1–2–38）。头饰包含片子①、片子石（图1–2–39）、线穗、发髻花（图1–2–40）、正辫、侧凤（图1–2–41）、正凤（图1–2–42）、散发等。

片子石是粤剧头饰的一种化妆饰物。因其插在前额的“片子”中间，以作装饰，故称“片子石”。片子石由铜或铝材质制成，为直径1～4厘米的网状圆形或椭圆形物体，在网眼处粘不同颜色的玻璃（粤剧戏班把这些玻璃称为“石”），背后焊有一个固定的别针，便于旦角演员在化妆时，将其分别插在前额的“片子”中间（图1–2–43～图1–2–46）。

---

① 片子，意思是发式。旦角演员化妆时要将片子布系在前额头上，前额正中贴一片椭圆回形片子，两旁依次各贴2～3片，代表角色的额发。古人将鹅蛋形的面形视为美女的标准面形，戏曲化妆就是利用片子按标准来修饰演员的面形。

图1-2-39　片子石

图1-2-40　发髻花

图1-2-41　侧凤

图1-2-42　正凤

图1-2-43　粤剧头饰

图1-2-44　头饰各个零件

图1-2-45　不同造型额头前的片子石（右图为粤剧演员卢秋萍扮相）

图1-2-46　片子石正、反面

（三）实践内容

1．制作一个粤剧头饰片子石（图1-2-47）

图1-2-47 粤剧头饰片子石

2．实操时间

40分钟。

3．材料准备（图1-2-48）

图1-2-48 材料分析图

（四）实践目标

（1）认知目标：了解粤剧头饰的分类、制作材料和制作工艺，了解片子石的制作步骤。

（2）能力目标：能够独立设计并制作片子石成品。

（3）情感目标：欣赏粤剧文化，热爱粤剧文化，传播粤剧文化。

（五）关键词

粤剧、片子石

（六）实践步骤（图1-2-49）

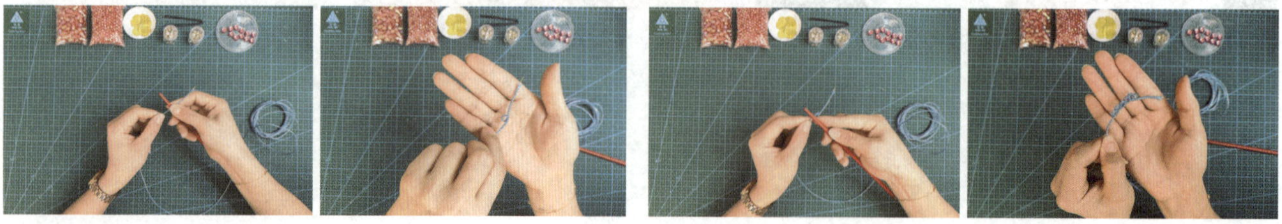

1. 把饰线放在筷子上，右手压住饰线末端1～2cm处，左手拉着饰线在筷子上绕1个圈

2. 把筷子放在第1个圈边上，再绕1个圈，以此类推，重复以上步骤绕出6个圈

图1-2-49 实践步骤

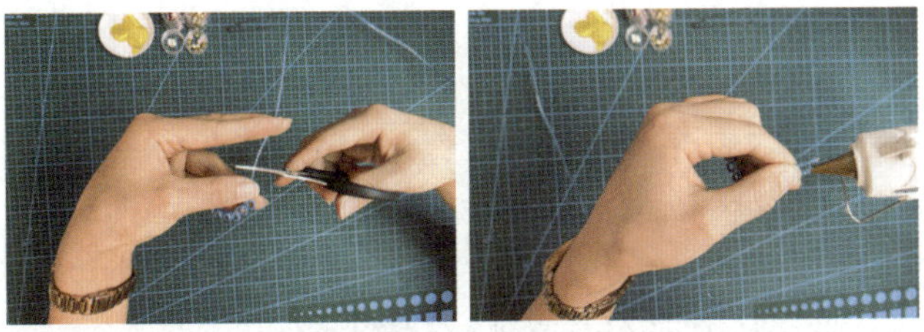

3. 在饰线末端1～2cm处用剪刀剪断，然后用热熔胶分别把饰线最末端封住

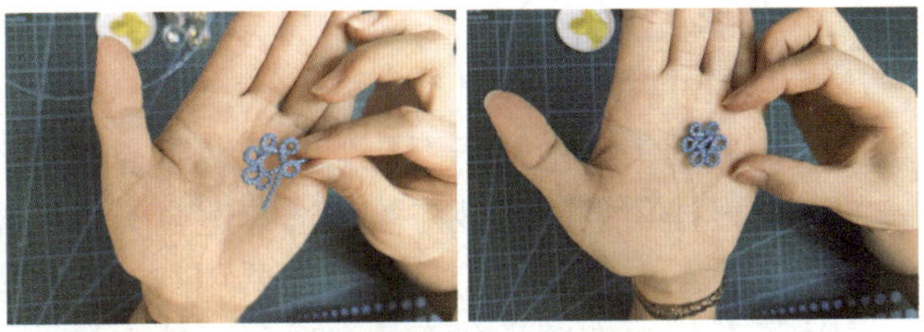

4. 窝成1个圆圈在外面的圆形，然后把两端多余的线往中间对折藏好，调整每个圆圈的距离

5. 用热熔胶把水钻粘在每个圆圈上面

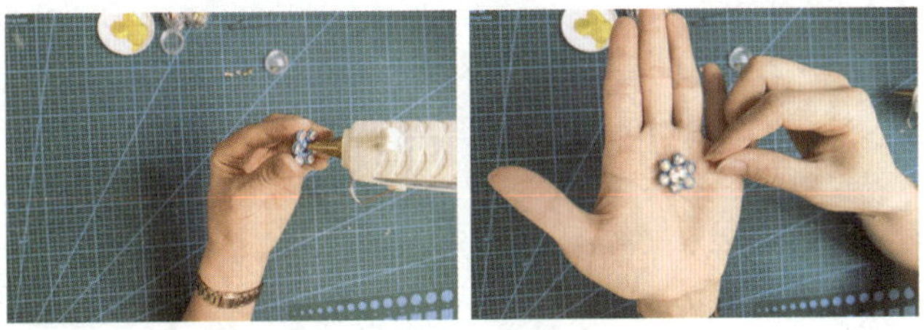

6. 中间位置用热熔胶贴上凤冠彩钻，小花完成

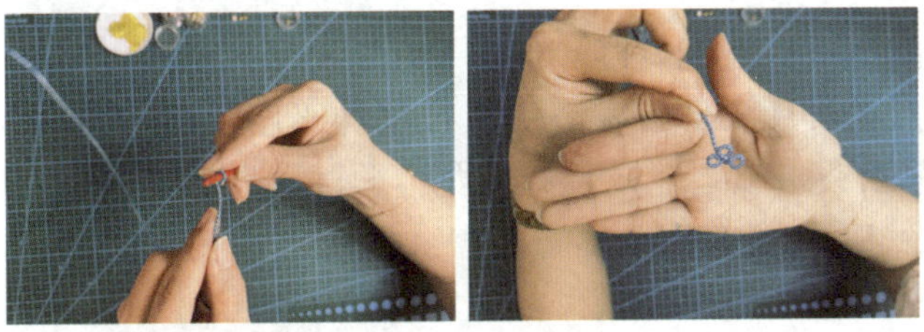

7. 饰线最末端在筷子上绕出1个圆，然后反方向再绕出两个圆，调整成“品”字形

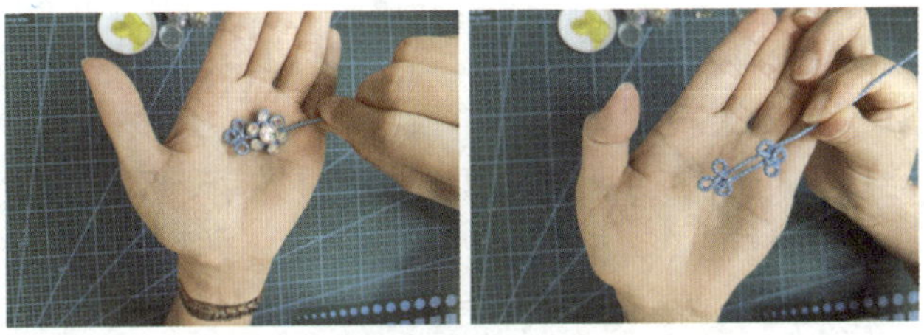

8. 测量另一端的位置，同样的方法做出对称的“品”字形

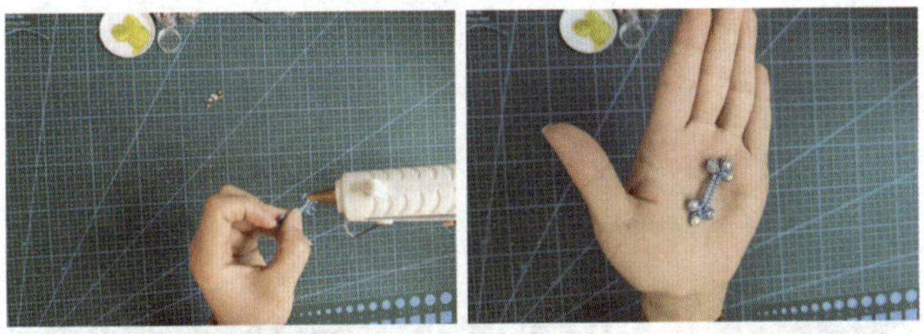

9. 用热熔胶把水钻粘在每个圆圈上面

10. 用热熔胶把前面做好的小花粘在中间

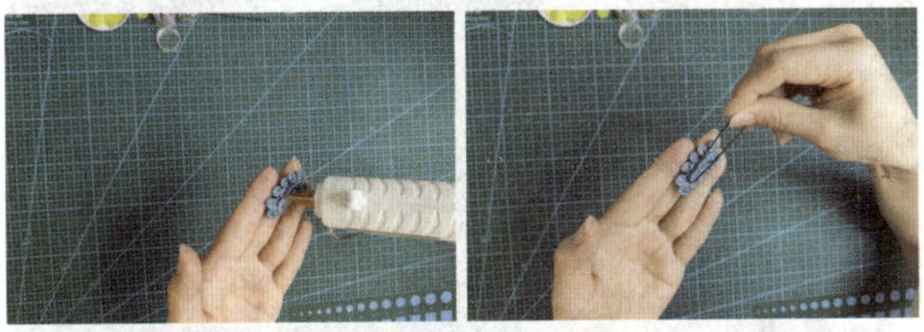

11. 用热熔胶把马针粘在背面合适的位置

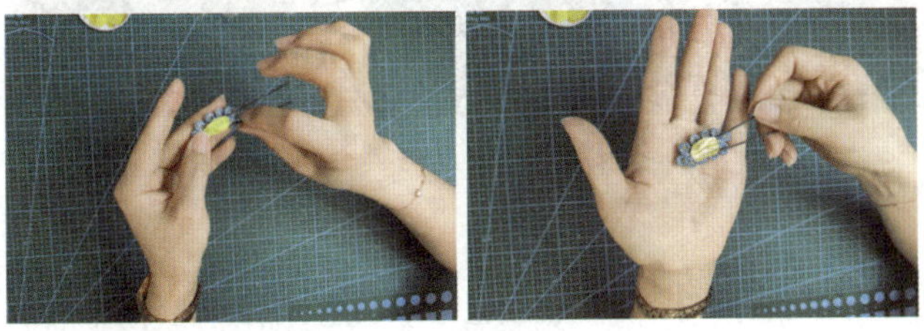

12. 把圆布片贴在马针上面，这样会更牢固些

13. 粤剧头饰片子石完成

图1-2-49　实践步骤（续）

（七）思考与讨论

（1）粤剧头饰中片子石造型和配色可以变化吗？
可以根据角色的造型与培训选择适合头饰的配色。
（2）片子石制作中，是否一定要用到戏剧U形针？
片子石是放在额头前面的，造型比较聚拢，戏剧U形针比其他针更加贴合额头位置。

第三节　中山民俗

一、中山沙溪四月八

“沙溪四月八”民间艺术巡游距今已有400多年的历史。清朝乾隆年间《香山县志》①（图1-3-1）第三卷风俗篇中曾有过“沙溪四月八习俗”的记载：“四月八日僧家浴佛里社祭神于庙，曰转龙头，是日里，人奉祠，锣鼓旗帜歌唱过城市，曰迎神，家以钱米施之，或装为神龙，歌舞数日而罢……”

“四月八”，即农历四月初八，也称“出高兴”。清同治《香山县志》曾文字记载：为鱼龙狮象鸣钲叠鼓，盛饰童男女为故事，曰出会景②。

“沙溪四月八”起源于明末清初，传说圣狮村、象角村有一木雕神像随漩涡逐浪漂来，座底写有“南海广利洪圣龙王”字样，于是村民盖大王庙供奉之。后来一场瘟疫不期而至，村民向龙王问卜祈福，王启示曰：舞龙。说也巧，此后，瘟疫消失，村民恢复健康。他们认定了洪圣王显灵保佑，决定每年于农历四月初八举办舞龙活动。因此，在农历四月八浴佛节当天巡游，在大王庙先拜祭木龙、金龙、银龙等并为龙点睛，再沿着圣狮、象角一带的大街小巷热闹舞动，当龙舞过家，家户户都烧

图1-3-1 《香山县志》

图1-3-2 “沙溪四月八”航拍图

① 《香山县志》是现在珠海、中山、澳门共同的档案史料，是三地珍贵的文化遗产和共同的历史记忆，是记载香山历史的“百科全书”，乾隆时期的《香山县志》由暴煜主修，李卓揆总纂。
② 出会景，在当时即为“民间艺术大巡游”，村民称其为“出高兴”。

图1-3-3 “沙溪四月八”舞龙图

图1-3-4 “沙溪四月八”舞师图

图1-3-5 “沙溪四月八”大头娃娃图

图1-3-6 “沙溪四月八”宣传图

爆竹迎接，在巡游过程，浓浓的爆竹硫黄硝烟将村中的每个角落都熏遍，圣狮、象角一带的瘟疫就消失了，村民恢复了健康。

故每年四月八，中山的沙溪镇圣狮村和象角村都会举行大型的民间艺术出巡，这一习俗百年不改，每年的四月八还发展为龙、凤、蚌以及飘色[①]等一起盛大出巡（图1-3-2～图1-3-6）。现已成为当地民俗文化一大特色，并被列入广东省省级非物质文化遗产保护名录。

二、《四月八——醒狮》刺绣

（一）醒狮

醒狮（图1-3-7、图1-3-8），其实是舞狮的一种。舞狮有南北之分。醒狮属于中国舞狮中的南狮。

舞狮是一种古老社会习俗的缩影，是中华民族在历史长河中留下的宝贵的文化遗产，其作为一

① 飘色，广东民间一种流动舞台上的戏剧造型艺术。飘色起源于明末清初，原是中原地区的迎神赛会活动，后逐渐传到东南沿海及西北地区，在清代盛行一时。其属于社火表演艺术形式之一，通常由两三个小孩在板上扮演神话故事或历史传奇中的人物及场面，由四个人抬着缓慢行进，同时还有八音锣鼓队奏乐伴随，供人观赏。

项民族传统文化，既是我国民间用来表达欢庆和重大节日等传统娱乐的活动，也是继承和发展了我国传统民间艺术的代表。

中国的舞狮起源于汉、魏晋或更早，相传狮子由葱岭以南国家向中原王朝进贡传入，或是跟随佛教的东传进入中原地区，或是由塞种、粟特等民族带入中原地区等。

醒狮原名“瑞狮”，意为吉祥如意，直到鸦片战争的战火蔓延到南方，因为“瑞”字方言谐音“睡”，具有民族忧患感的佛山人便将其改为“醒狮”，寓意“醒狮醒国魂，击鼓振精神。”醒狮始于明代，出现在广东，起源于南海县，其初衷主要是表现尚武精神，庆祝喜庆丰收、相互勉励、驱逐邪恶之事。自古以来，广东醒狮被认为是驱邪避害的吉祥瑞物，每逢节庆或有重大活动，必有醒狮助兴，长盛不衰，历代相传。

醒狮是由彩布条制作而成的，每头狮一般由两个人合作表演，一人舞头，一人舞尾。舞狮是融武术、舞蹈、音乐等为一体的文化活动。表演时先“开桩”，即是锣鼓擂响，舞狮人以南拳马步为主，先打一阵南拳，然后由两人扮演一头狮子耍舞，狮子动作有“睁眼”“洗须”“舔身”“抖毛”等。主要套路有“采青”（图1-3-9）“高台饮水”“狮子吐球”“踩梅花桩”（图1-3-10）等。其中“采青”是醒狮的精髓，有起、承、转、合等过程，具戏剧性和故事性，由一人头戴笑面“大头佛”，手执大葵扇引狮登场。

图1-3-7 广东醒狮

图1-3-8 沙溪“四月八”醒狮

图1-3-9 沙溪“四月八”醒狮采青

图1-3-10 踩梅花桩

（二）刺绣

刺绣，是我国民间的传统手工艺之一。多以针线在各种布料上织出多彩的图案，其起源很早，尧舜之时，已有刺绣。东周已设官专司其职，至汉已有宫廷刺绣。在我国已有三千多年的历史。

刺绣是对服饰起装饰性作用的元素，传统的刺绣常常分布于领口、袖口、裙边等处，采用平面图案，通常具有对称性。刺绣图案多为龙凤、狮虎、花草、祥纹等，这些图案大多带有祥瑞、富贵之意，表达人们对未来美好生活的向往。

我国传统刺绣的种类很多，其中四大名绣为：苏绣、湘绣、蜀绣、粤绣。此外还有各地特色刺绣和众多的少数民族刺绣，共同汇聚成中国刺绣体系。

刺绣的工艺要求是：顺、齐、平、匀、洁。顺是指直线挺直，曲线圆顺；齐是指针迹整齐，边缘无参差现象；平是指手势准确，绣面平服，丝缕不歪斜；匀是指针距一致，不露底，不重叠；洁是指绣面光洁，无墨迹等污渍。刺绣针法的类别有：乱针、直针、盘针、套针、擞和针、抢针、平针、散错针、编绣、施针、绕绣、辅助针、变体绣。

此次学习将会体验刺绣中的“珠绣”工艺。需要掌握珠绣技法中的叠珠绣、简易绞绣法、垂饰绣三种简单的方法，加上异材质（珊瑚绒线）的应用。

（三）案例解读

“红色缎串珠绣葫芦活计”（图1-3-11），是清朝同治时期御用日常服装佩饰。全套包含荷包一对、烟荷包、褡裢、表套、扇套六件。

图1-3-11 “红色缎串珠绣葫芦活计”

活计，指的是针线活儿。在古代，通过刺绣缝制出来的荷包、褡裢、钱袋、扇套、金蝙蝠灵芝荷包、火镰等日常使用的民俗用品都称为“活计”。清代故宫里就收藏了很多活计，如用刺绣工艺、串珠工艺、盘结工艺等精工细绣的手工艺装饰品。

“红色缎串珠绣葫芦活计”采用红色素缎地，图案选择绣传统“葫芦万代”[①]，素缎上用串米珠绣葫芦和朵花呈现立体效果，用拉锁绣技法绣葫芦枝蔓及叶，再用明黄色绦带装饰。整套活计的刺绣技法、装饰手法与图案设计思想相呼应，成为完美的一体。精致的工艺说明清代宫廷活计已完全失去了游牧民族生活实用品的功能，演变成精工细绣的工艺装饰品。

① 葫芦，谐音“福禄”“护禄”，代表繁茂吉祥。其造型入口小且肚量大，在民间有“葫芦压台财运滚滚来”的说法。葫芦的图案也传说源自暗八仙中的道家神仙铁拐李，“葫芦”宝物法力无边，有逢凶化吉之用，故常用作衣物的装饰图案。葫芦有蔓带缠绕，“蔓”与“万”谐音，“蔓带”与“万代”谐音，寓意人丁兴旺，代代荣昌。

（四）实践内容

图1-3-12 《四月八——醒狮》刺绣作品

1. 制作一幅《四月八——醒狮》刺绣作品（图1-3-12）

2. 实操时间

40分钟。

3. 材料准备

（1）常用工具。

1）绣花针：9#。

2）绣绷：外直径12cm圆形。

3）绣布：150mm×150mm红色方形无纺布。

4）绣线：金线、白线、白色珊瑚绒线。

5）黏胶：南宝树脂胶。

（2）所需材料（图1-3-13）。

1）珍珠：直径12mm半球仿珍珠。

2）宝石：直径10mm圆形压克力红宝石。

3）米珠：直径2mm玻璃米珠（金色、绿色）。

4）亮片：①直径3mm黄色亮片；②直径6mm暖金幻彩亮片；③直径5mm黑色亮片。

5）管珠：①10mm红色长管珠；②3mm金色短管珠。

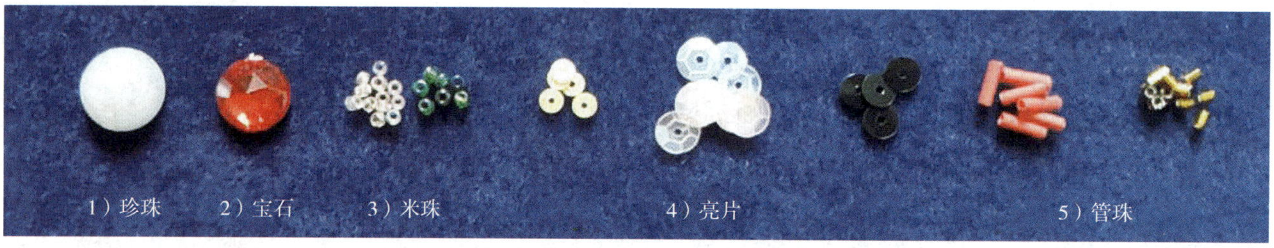

图1-3-13　材料分析图

（五）实践目标

（1）认知目标：了解醒狮的造型方法；掌握米珠、亮片、管珠的刺绣方法；并将珠绣工艺运用在醒狮造型中。

（2）技能目标：引导青少年具备珠绣组合设计及刺绣在醒狮图案上的设计应用能力。

（3）情感目标：传承刺绣，展现广东醒狮的风貌，激发青少年学习的热情和兴趣；培养青少年具备工匠精神、热爱劳动的职业素养。

（六）关键词

醒狮造型、珠绣

（七）实践步骤

1．醒狮的制作（图1-3-14）

1. 用绣绷把绣布与图案叠加固定，从下至上顺序为：绣绷内圈—绣布—图案纸—绣绷外圈，把外圈放到内圈上后卡紧，确保绣布及图案平整紧绷

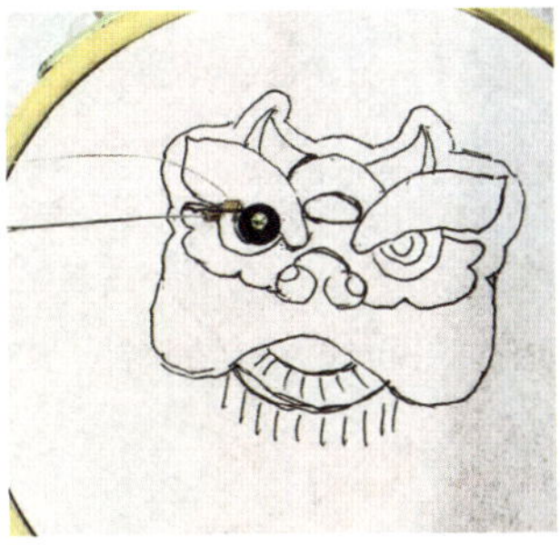

2. 起针，用叠珠绣的方法绣出狮子眼睛部分（重点）

3. 用简易绞绣法将短管珠或米珠顺着狮子的犄角方向填满内部

4. 用白色珊瑚绒线排出狮子眉毛及胡须造型，并用白线刺绣固定，注意尽量平整密集，不露底布（难点）

5. 确定狮子的大致造型后，可轻轻去掉图案纸，方便后续操作

6. 在鼻子部位粘红宝石，在珍珠底面涂上南宝树脂胶，粘在狮子额头位置。在珍珠上半圈外面绣一小段弧形米珠，作为连接狮子两边犄角的过渡

7. 用叠珠绣的方法绣出狮子的下眼睑及嘴巴。在左右犄角外侧分别绣一个叠珠绣，作为犄角与眉毛的过渡

8. 用米珠和长管珠的组合方法绣出垂饰，作为狮子的下巴胡须造型，收针，完成

图1-3-14　醒狮的制作

2．相关针法的操作图解

本次课所用重要针法包括：叠珠绣、米珠和长管珠的组合垂饰。具体操作方法如图1-3-15、图1-3-16所示。

（1）叠珠绣。

1. 线打结后，将针从绣布正面刺出，并依次穿一个亮片和一颗米珠

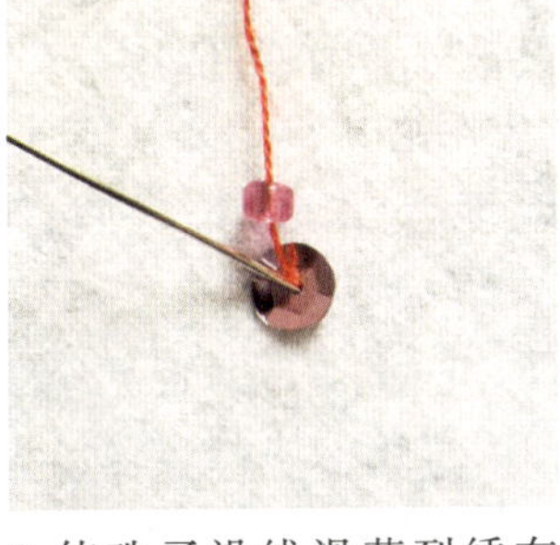

2. 使珠子沿线滑落到绣布上，然后把针穿回到亮片的针孔里，刺入绣布

3. 抽针拉线并打结收针

图1-3-15　叠珠绣

（2）米珠和长管珠的组合垂饰。

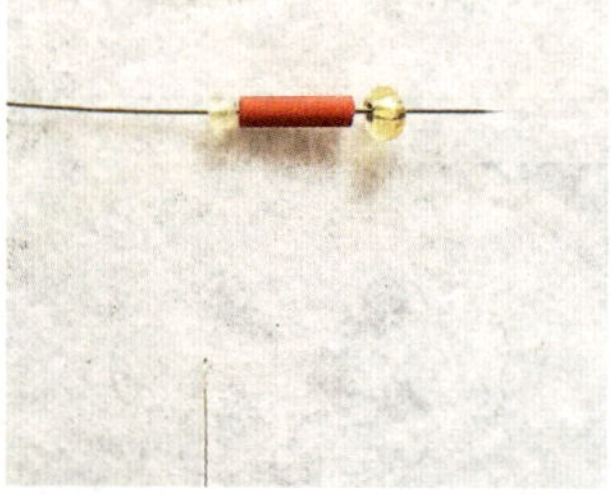
1. 线打结后，将针从绣布正面刺出，并依次穿一颗米珠、一颗长管珠、一颗米珠

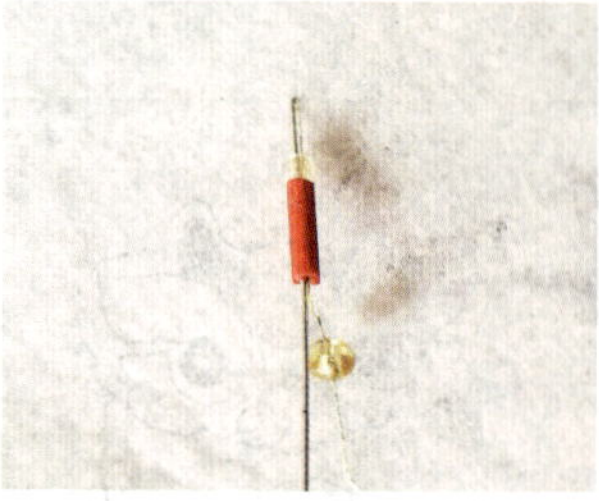
2. 使珠子沿线滑落到绣布上，然后把针穿回到长管珠和第一颗米珠的针孔里，刺入绣布

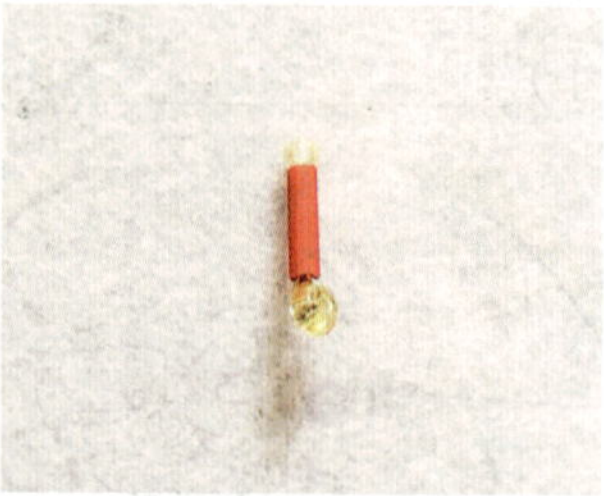
3. 抽针拉线并打结收针

图1-3-16 米珠和长管珠的组合垂饰

（八）思考与讨论

本节课采用了珊瑚绒线来表现狮子眉毛、胡须的造型特点，还能用什么材质的材料来表现毛发的特点？

可以考虑运用圈圈纱毛线等具有蓬松感的材质来表达狮子毛发的特点。

三、《四月八——舞龙》衍纸

（一）舞龙

龙，自古以来就传说具有呼风唤雨、消灾除魔的神通本领，经过历代的演变，龙已被神化而塑造成具有高度的智慧、仁厚的胸襟、勇者的气概、自由的象征、祥瑞的气势、无比的高贵与能力等理想的典型。“龙”更是帝王的代表，帝王的一切皆与龙有关，如龙体、龙袍、龙冠、龙椅等，同时，中华民族被称为“龙族”。

几乎每一个中国人都对龙充满了憧憬，以它来求雨、除禳、祭神、祈福，更衍生了“祥龙献瑞”的民间游艺表演，即舞龙。而舞龙的渊源与中国图腾的龙文化有密切关系，先有龙的相关图腾，再产生龙的习俗，即祈雨防洪，衍生出有关龙的文化，进而再繁衍成舞龙这种表演艺术活动。

舞龙，又称“玩龙灯”“耍龙灯”“龙灯舞”，源于古人对龙的崇拜，是中国汉族传统民俗文化活动之一，也是在我国特有的生存环境中不断演化并深受普通百姓喜爱的民俗运动。

每逢喜庆节日，人们以舞龙的方式来祈求平安和丰收，如春节、二月“龙抬头”、端午节等都要舞龙，舞龙搭配绣球不断地展示扭、挥、仰、跪、跳、摇等多种姿势。舞龙与舞狮一样，已成为中华文化的重要标志。

全国“舞龙”有40多种，广东就占36种之多，全国评“舞龙之乡”非广东莫属。中山“沙溪四月八”舞龙，既保留了传统中国舞龙的风貌，又烙上了鲜明的岭南文化印记，且形成了具有中山地域的审美特点和技术风格（图1-3-17、图1-3-18）。

在中山沙溪流传的一首民谣说起：“四月八，舞柴碌；四月九，舞南[①]斗。”民谣中描述的就是

① 南，并非普通话“南”字读音，而是沙溪话音译，意为浇水淋菜的工具。

（a） （b） （c）

图1-3-17 舞龙现场

流传至今的舞龙活动。明末清初延绵至今每年的农历四月初八都举行一次舞龙巡游，是日风雨不改，参与巡游的队伍连绵一公里，几千人的队伍浩浩荡荡、人山人海，热闹非凡。新中国成立前，沙溪地区龙聚环、永厚环、象角、圣狮等很多村庄仍盛行舞龙，其中圣狮自古以来都是“大龙、中龙、小龙”三条龙同游。

图1-3-18 云腾堂小金龙

（二）衍纸工艺

衍纸，又称卷纸，是纸艺的一种形式，也是一门非常古老的手工艺。

最早可以追溯到古埃及时期。公元16或17世纪时，欧洲教堂的圣物盒上有修女们制作的衍纸装饰品，至17~18世纪，衍纸成为欧洲名媛淑女的日常女红活动。如英国，衍纸成为英国王室贵族的一种手工艺术，贵族女校都开设这门课程。

起初是用衍纸来装饰圣物盒和神画。现在则被看作纸艺中的优雅典范，常用于包装装饰、装饰画、装饰品等，俨然成为男女老少都喜欢的一项工艺性比较强的纸艺手工。

衍纸工艺既有绘画的色彩表达能力，又有雕塑的空间视觉效果，其艺术表现力不弱于其他任何艺术形式。如艾米·克雷恩所制的衍纸作品《动物肖像》（图1-3-19）呈现出立体的动物形象，使衍纸艺术走进了更多人的视野。衍纸以纸张材料为主，可用珠宝、丝带、石子等特殊材料进行点缀和搭配，在造型时依靠卷、压、捏、弯等手法将纸带塑成介乎二维和三维之间的半立体艺术的线、卷、团。衍纸在制作的时候能最大限度地发挥线条的可塑性和特质来表现画面的美感，具有很强的视觉张力。

图1-3-19 艾米·克雷恩（Amy Crain）作品《动物肖像》

（三）案例解读

衍纸艺术表达形式通常分为平面（图1-3-20）、半立体（图1-3-21）、立体三种。

平面衍纸又分为卷拼接、线拼接和二者结合的形式；半立体衍纸一般是在平面的基础上进行叠加，来显现层次和空间；立体衍纸，如图1-3-22所示的植物盆栽、小动物摆件等，完全独立模拟造型。

图1-3-20　平面表达形式

图1-3-21　半立体表达形式

图1-3-22　立体表达形式

（四）实践内容

图1-3-23　舞龙衍纸挂件

1. 制作一个舞龙衍纸挂件（图1-3-23）

需要完成龙头设计，鼻子、眼睛、脸、嘴巴、犄角、毛发、吊环及组合等部分。实践过程需要安排2～3课时完成。

2. 实操时间

60～80分钟。

3. 材料准备（图1-3-24）

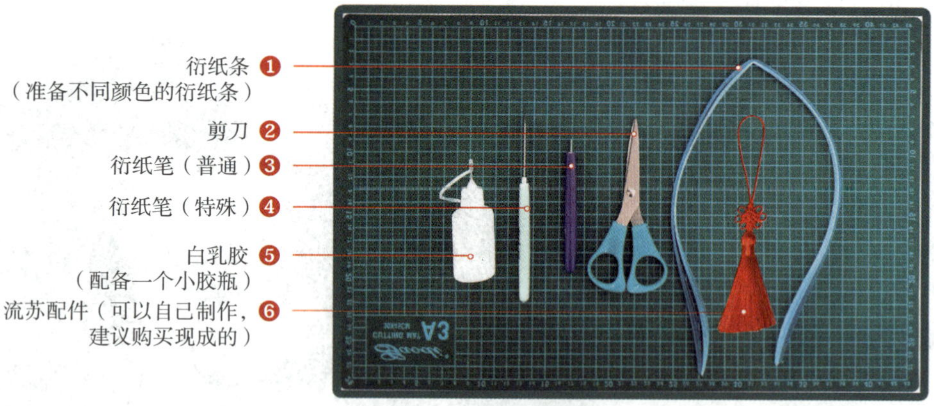

图1-3-24　材料分析图

（五）实践目标

（1）认知目标：了解衍纸的基本技法，体验衍纸艺术的三种形式。

（2）情感目标：感受四月八舞龙文化，传承、弘扬传统文化。

（3）能力目标：能够熟练运用技法，完成舞龙衍纸挂件的制作。

（六）关键词

衍纸、舞龙文化、文化传承

（七）实践步骤

1. 龙头设计

绘制出龙头设计稿并确定配色（图1-3-25）。

1. 画出一个简单的设计稿，这里主要的作用是确保这个挂件的整体比例和零部件的大小

2. 衍纸条的颜色很多，想做一个什么配色的挂件？怎样搭配好看？可以拿衍纸条对比一下

图1-3-25　龙头设计

2. 鼻子的制作（图1-3-26）

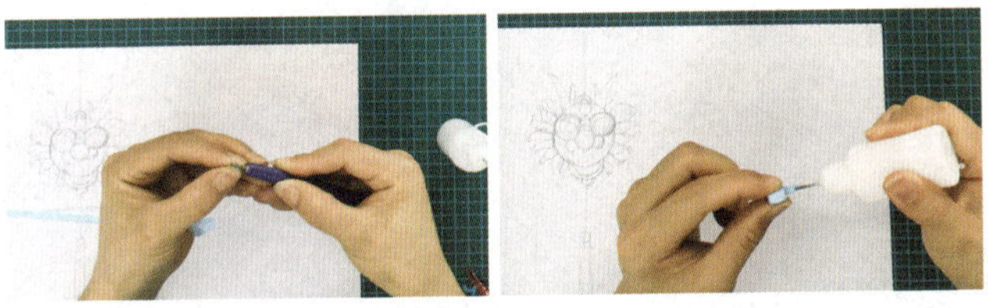

1. 把衍纸条卡在衍纸笔中间的槽，然后卷成一个实心卷，用白乳胶粘紧，确保不松散

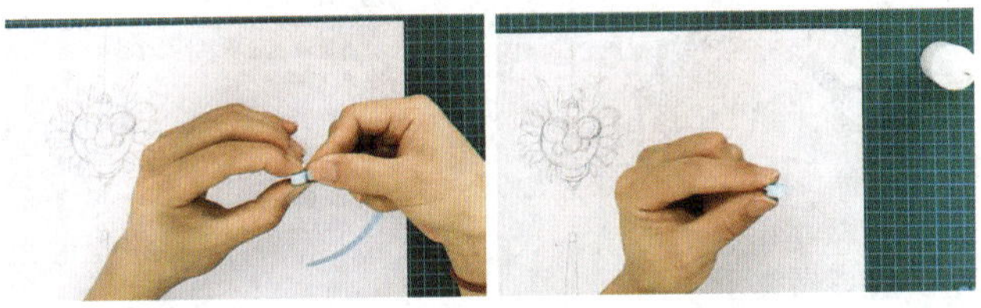

2. 一条衍纸不够，我们用手接上新的衍纸条继续扩大，一直到放在图纸上跟图纸一样的大小就可以了

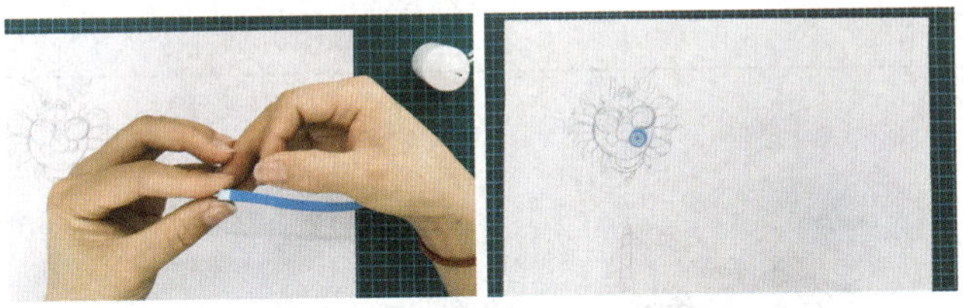

3. 用深一点的颜色接在卷好的紧卷上，绕几圈进行包边处理

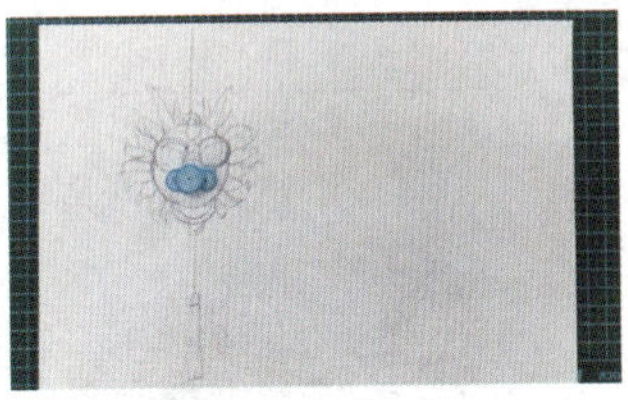

4. 重复上面的步骤，制作鼻头和鼻翼

5. 把卷好的衍纸取出来放在衍纸板上合适的圆圈上，让它在圆圈里自然散开，然后用白乳胶粘好

6. 包边处理完，用鼻头的紧卷跟刚做好的松卷，两边用力压，松卷会变成月牙形。重复步骤5，制作一个更小的松卷，重复步骤6

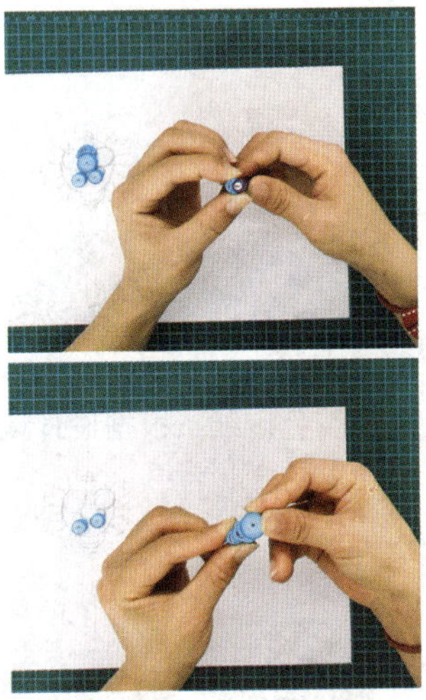

7. 重复步骤5，制作一个更小的松卷，衍纸笔把杆压出一个月牙形。用白乳胶把三个零部件粘起来，鼻子就做好了

图1-3-26　鼻子的制作

3. 眼睛的制作（图1-3-27）

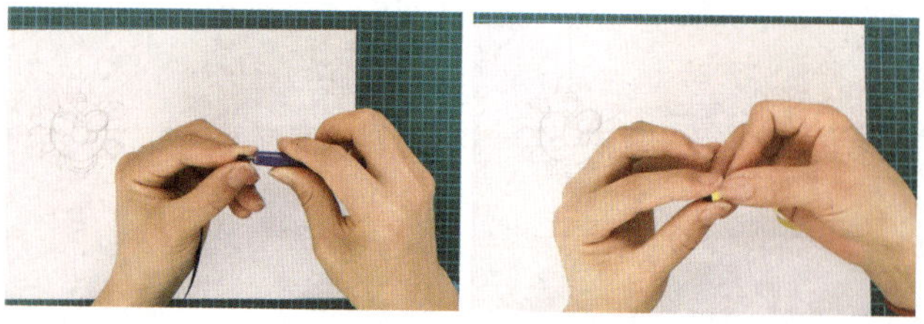

1. 用黑色衍纸卷一个瞳孔大小的紧卷，用黄色当眼珠

2. 然后接上浅蓝色衍纸当眼皮，最后深蓝色包边眼睛就完成了

3. 用同样的方式制作另一只眼睛

图1-3-27　眼睛的制作

4. 脸的制作（图1-3-28）

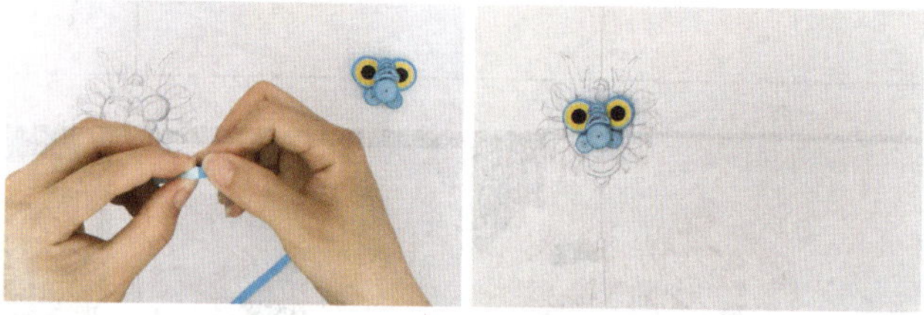

用浅蓝色衍纸按着龙头的大小卷紧卷，然后接上深蓝色包边，脸就做完了

图1-3-28　脸的制作

5. 嘴巴的制作（图1-3-29）

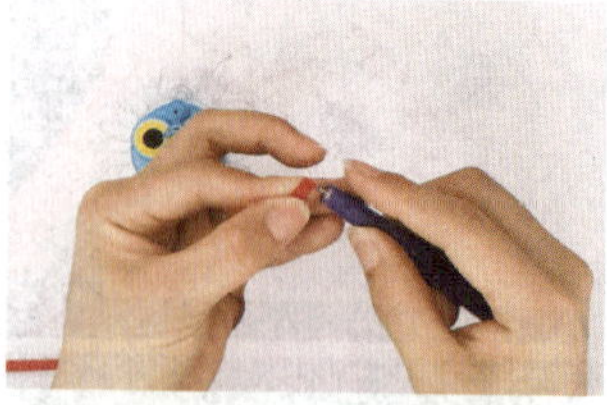

1. 用红色衍纸条根据设计稿大小卷一个紧卷

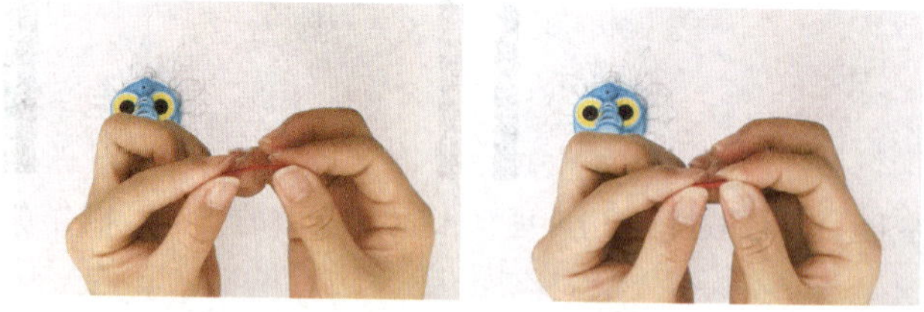

2. 剪一段约4cm的红色衍纸条，对折两次，形成一个直角。重复一次，做出两个直角

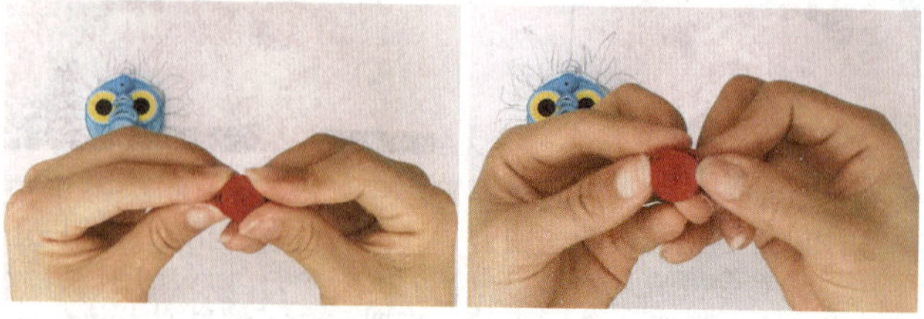

3. 把两个直角贴在前面做好的嘴巴上，这是为了让下巴有棱角

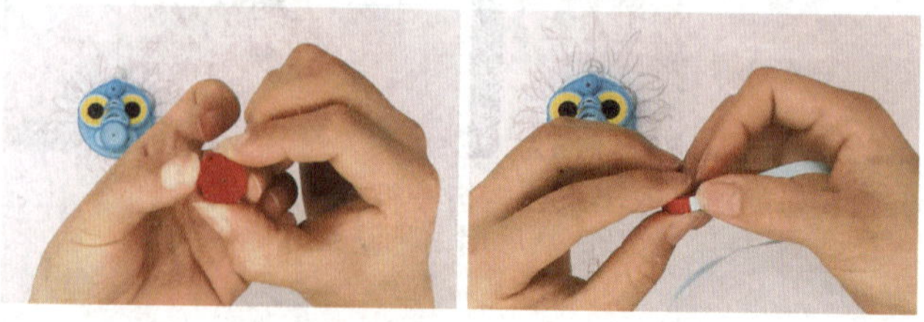

4. 把嘴巴捏出棱角后，接上浅蓝色衍纸条继续绕，浅蓝色衍纸其实就是皮肤部分

图1-3-29　嘴巴的制作

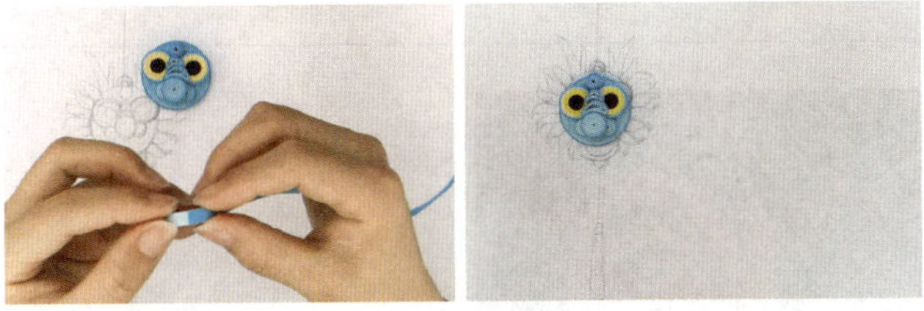

5. 用深蓝色衍纸包边，嘴巴就做好了

图1-3-29 嘴巴的制作（续）

6. 犄角的制作（图1-3-30）

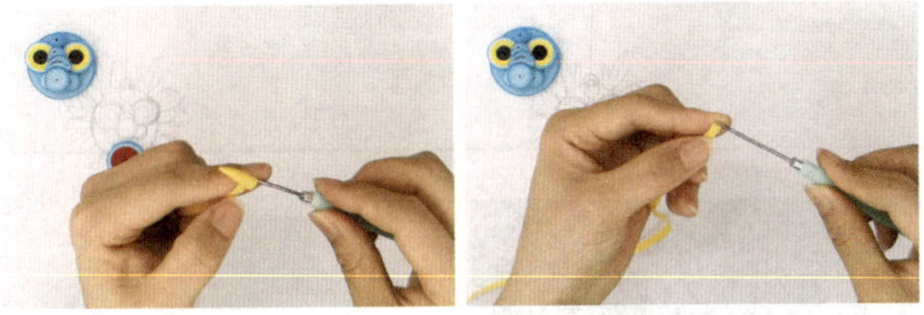

1. 取一根黄色的衍纸，用长的衍纸笔卡住衍纸条后，右手转动衍纸笔，左手引导衍纸条缓缓向下

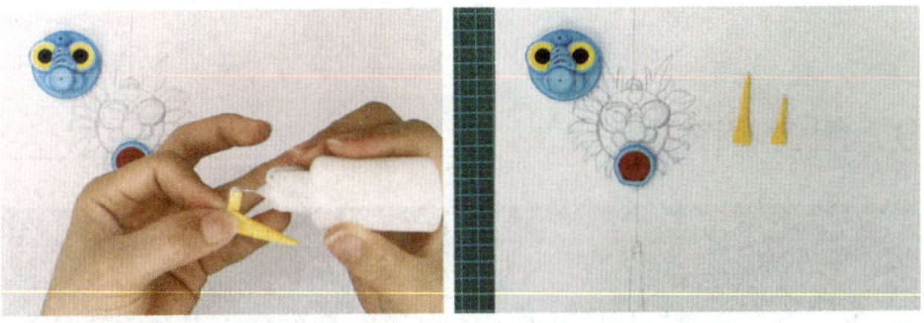

2. 慢慢取出衍纸笔，衍纸条末端涂上白乳胶粘好，用同样的方法做两个，一个长一点；另一个短一点

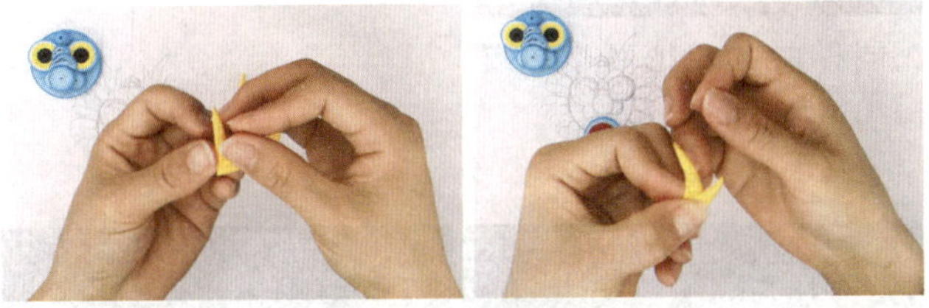

3. 把短犄角粘在长犄角上，然后调整一下造型

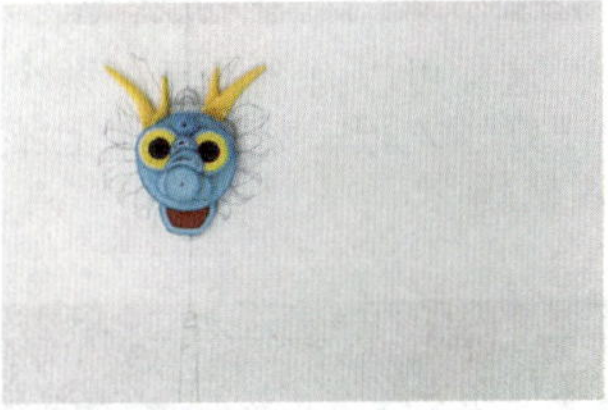

4. 重复上面的步骤，做出另一边的犄角

图1-3-30 犄角的制作

7. 毛发的制作（图1-3-31）

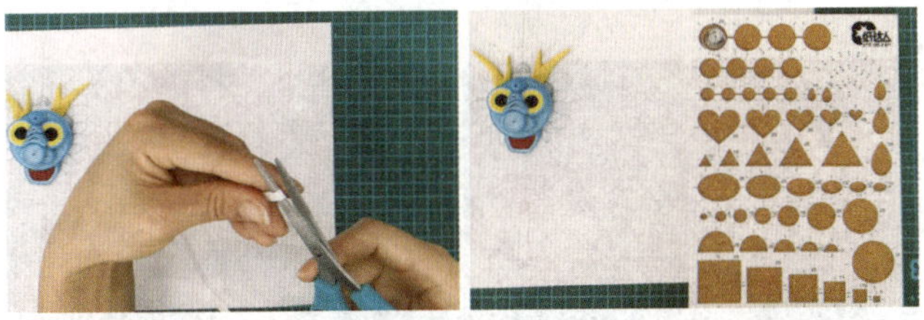

1. 把白色衍纸条对折剪断，卷松卷，取出放在衍纸板合适的小圆圈上

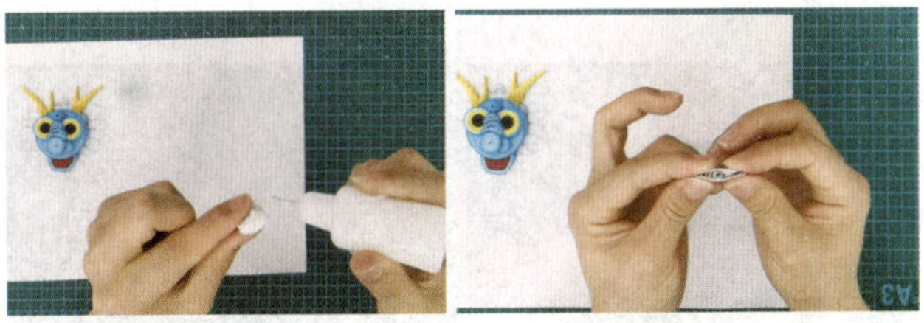

2. 衍纸条末端粘上白乳胶，然后把圆心调到中间位置，两端捏扁

3. 用衍纸笔笔杆正反向压一下，得到一个“S”形

4. 重复上面的步骤，把龙头挂件的毛发全部做完

图1-3-31 毛发的制作

8．空心吊环的做法（图1-3-32）

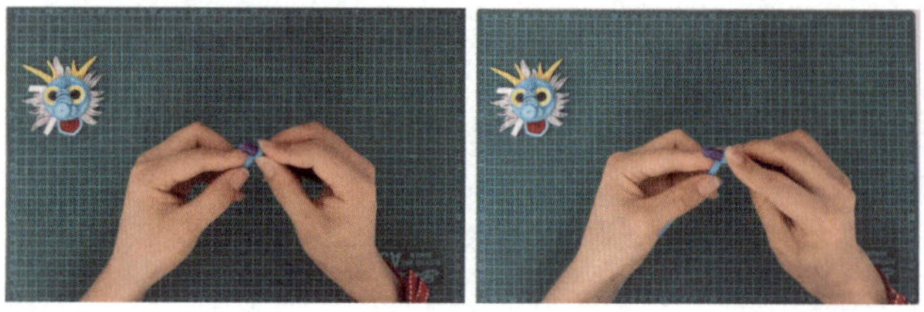

1. 把深蓝色的衍纸条在衍纸笔（这里也不一定用衍纸笔，圆柱体都可以。圆柱体的大小决定吊环孔的大小）上转一圈，涂上白乳胶，然后绕出吊环的厚度

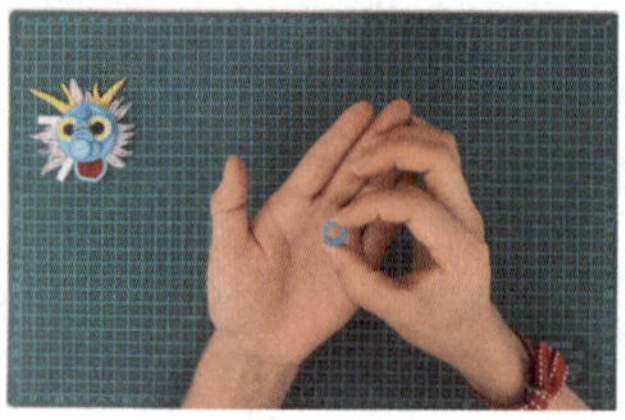

2. 把吊环从笔杆上取下来

图1-3-32　空心吊环的做法

9．组合（图1-3-33）

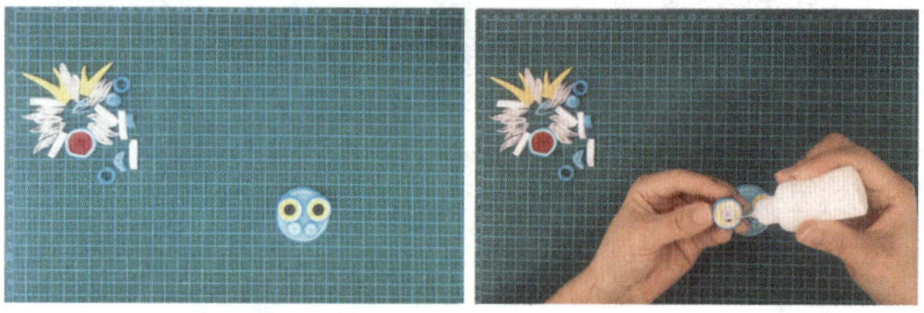

1. 把脸放在带格子的切割点上，这样可以有个参考。两个眼睛和两个鼻翼的位置对称摆好，先把一只眼睛涂上胶水，参考着另一只眼睛的位置粘好

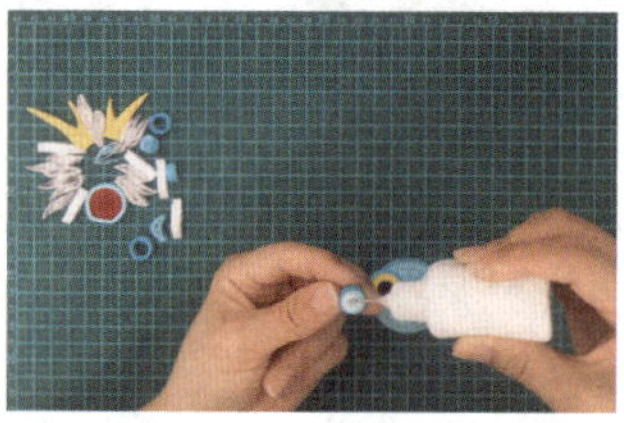

2. 同样的方式把两个鼻翼粘好

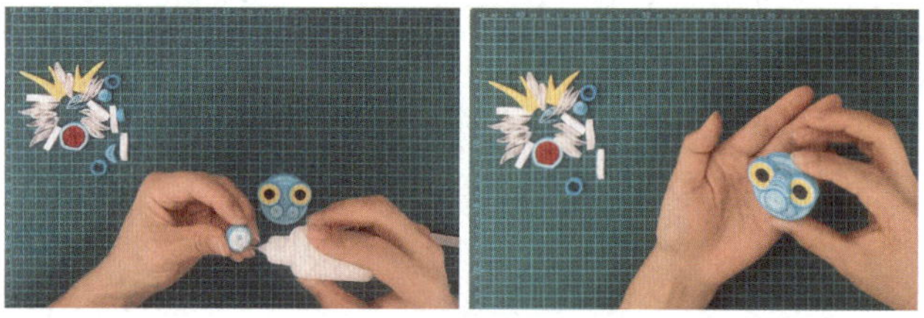

3. 鼻头涂上白乳胶粘好后，把鼻梁粘在鼻头上面粘紧

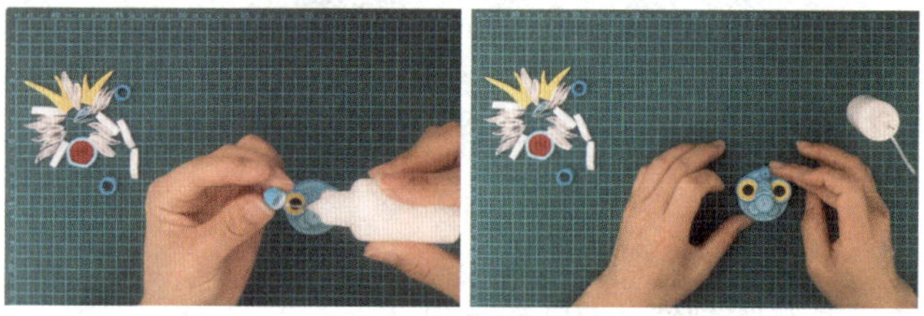

4. 头上的小装饰涂上白乳胶，粘好

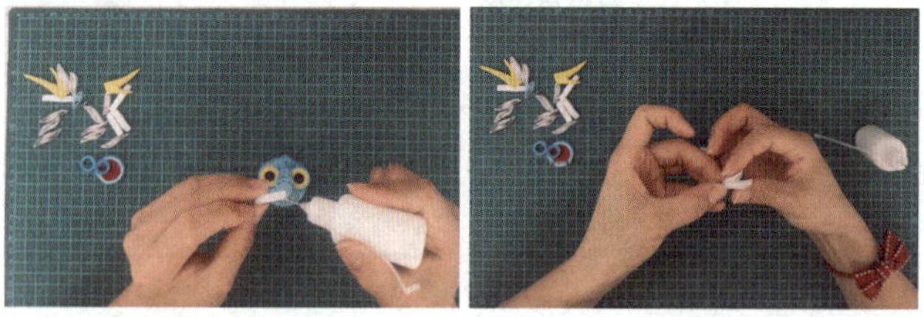

5. 把两片毛发粘在一起，变成一片眉毛

6. 把眉毛粘在眼睛上，两边对称粘好

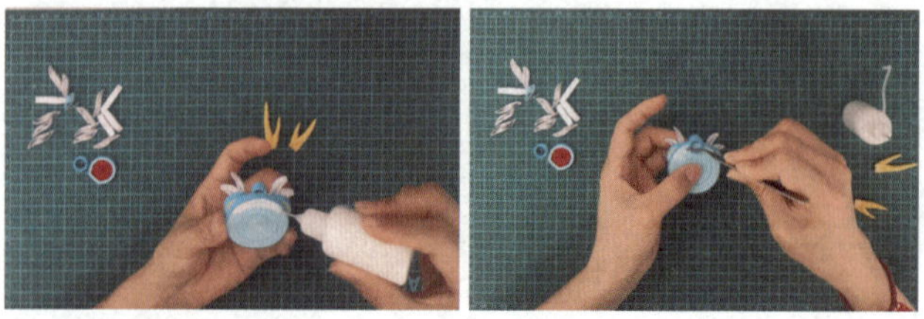

7. 白乳胶涂在脸的后面，中间的位置把空心吊环粘上去

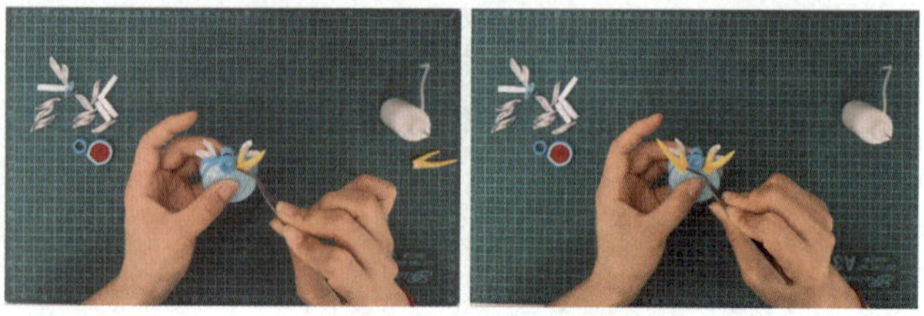

8. 把犄角粘在空心吊环旁边，两边的位置要尽量对称

图1-3-33　组合

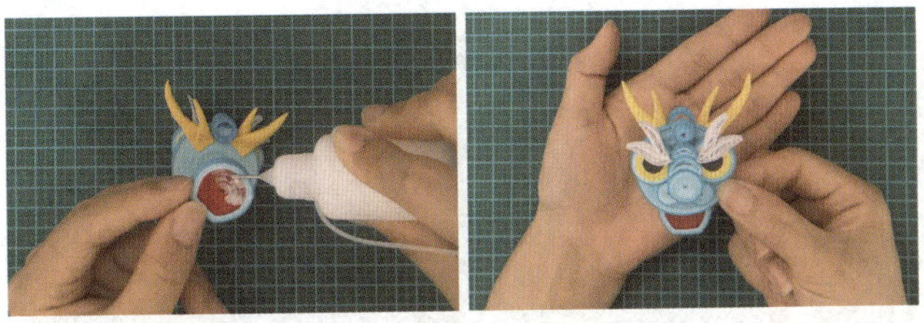

9. 把嘴巴贴在脸的后面

10. 把毛发粘在脸的背面

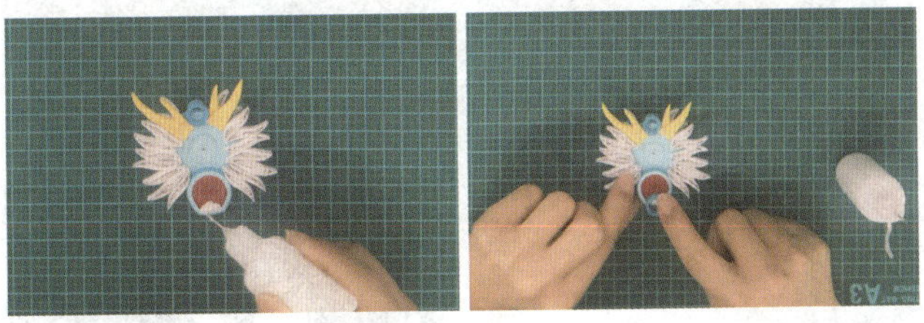

11. 把空心吊环粘在嘴巴上面

12. 衍纸部分已经做完，挂上流苏就可以了

图1-3-33 组合（续）

（八）思考与讨论

（1）做挂件的时候一定要画一个设计图吗？

是的，设计图可以让我们确定零部件的大小和整个挂件的比例是否协调。

（2）空心吊环的设计与制作有什么需要提醒的？

空心吊环很重要，小了、薄了，整个挂件就会挂不住；大了、厚了，会显得很笨重，影响美观。

四、中山沙溪鹤文化

中山，古称香山。中山市是国家历史文化名城，在全市各个镇区蕴藏着丰富的民俗文化。中山地处珠江出海口，面向伶仃洋，毗邻港澳，特别是澳门，历史上曾归属香山县管辖，通过澳门这个窗口，香山成为我国最早与欧洲有经济、文化交往的地区之一，形成了独有的地区民俗文化。同时早在宋元之间，中原地区频繁的战乱，百姓南迁将中原文化带到这里，与本地生活、劳动的自然人文环境相结合，形成了极具特色的民俗文化。如在中山市沙溪镇、大涌镇等隆都地区居住的人群大多是当年从福建南迁的后裔，他们将福建闽南地区的语言、习俗等带到隆都地区，形成了音韵独特的鹤歌、形态独特的鹤舞，以及大王诞、三月三、四月八等一大批民间习俗活动。

鹤，禽鸟类，又称“仙鹤”，长颈、竦身、顶赤、身白，给人一种清高的感觉，一直被认为是有德行的禽鸟。象征着出尘高洁、健康长寿。传说，鹤能翩翩于仙凡之间，不受任何拘束。中山人历来爱鹤，当地流传着一种古老的民间艺术，如鹤歌、鹤舞等，融汇成今天的沙溪“鹤文化”。

沙溪“鹤文化”包含了独具特色的鹤歌、鹤舞等。鹤歌，指的是流行在中山隆都地区申明亭村一带，音韵独特的“省岐隆”①，这是三种语言融合演唱的民歌。沙溪鹤歌是我国民歌中的一朵奇葩，从学堂歌谣发展成为民间歌曲的歌种。歌词以七言绝句为基础，不受平仄限制，由歌手即兴发挥，或独唱或斗歌。清朝光绪至宣统年间，每年均在申明亭杨氏大宗祠门口搭台斗歌。鹤歌往往就是斗歌，唱“鹤歌”者必须有渊博的知识，反应敏捷。

鹤舞源起明代，盛于清代和民国，主要流传在中山市沙溪镇申明亭村②，是广东中山隆都地区

---

① 省岐隆：省（省城广州）岐（中山石岐县城）隆（隆都地区）。鹤歌融合了广州话、石岐话和隆都话语音。

② 沙溪镇申明亭村是沙溪镇下辖的一个自然村，1000多人口。其地处西江下游的冲积沙滩地带，过去这里翠竹丛林，潺潺流水，鱼虾成群，蚌蚝成堆，白鹤聚居在竹林之中，常出没于沙滩岩石上，在水上觅食嬉戏。村民对白鹤爱护有加，认为白鹤就是仙鹤。

百姓根据当地的自然及生活环境而创作的一种动物道具舞蹈。《中山市文化志》曾记载，明朝时，申明亭乡杨姓先民崇尚习文，一旦成名便耀祖光宗，族中长者取当地一鹤地（当时中山尤以沙溪一带常有白鹤、灰鹤聚居，故沙溪一带兴唱鹤歌），在当地方言中因“鹤”字与“学”字谐音，于是便兴起鹤舞来迎接学有所成的乡民，以鼓励后进。

每当有喜庆或重大岁时节日时，就可以见到翩翩的“白鹤”带领着一群“鲤鱼”“蚌精”等盛大出巡。鹤舞所用的道具白鹤是以竹扎鹤身，外糊白纸，有布制的可以伸缩自如的脖颈（图1-3-34）。舞鹤人上半身藏于白鹤中，双手鼓翅，双腿当成鹤腿进行表演。白鹤的生活姿态和拟人动物舞蹈技艺融汇于一体，堪称中国民间舞蹈的瑰宝。

图1-3-34　鹤舞

鹤舞在明清时每十年举行一次大会，名曰“出鹤”。出鹤时，以鹤歌来伴唱，配大钹、大锣、大鼓、小钹等传统的敲击节奏而舞蹈，后来演变为广东音乐《雁落平沙》《得胜令》《赛龙夺锦》等音乐伴奏。民国时期沿袭清代习俗，加入以鲤鱼灯作为鹤蚌相嬉的前导，名为“引鹤”。

图1-3-35　蚌娘

图1-3-36　白鹤

五、《鹤文化——鹤蚌相嬉》刺绣

（一）鹤蚌相嬉

中山沙溪鹤舞在清代时融合了蚌舞这一汉族民间舞蹈，由一个十六七岁的村姑饰演蚌娘（图1-3-35），与白鹤（图1-3-36）嬉戏，取名为鹤蚌相嬉（图1-3-37）。

图1-3-37　鹤蚌相嬉

中山沙溪鹤舞以鹤歌引路，锣鼓齐鸣，白鹤走在前头，伴以鲤鱼、丝毛鸡等动物造型，还有文巡和武巡等古代人物扮相及鲜花篮等一起巡游，行至祠堂前空地，白鹤正式出场。先跑圆场三圈，接着做起飞觅食状，之后在岩石上梳理羽毛、瞌睡。鱼蚌戏水，水声翻腾，惊醒了白鹤，白鹤追逐鱼蚌，鱼、蚌、鹤往来嬉游，欢乐融融（图1-3-38）。

图1-3-38　鹤蚌相争

（二）刺绣工艺

此次采用刺绣经典针法与珠绣结合，需要掌握轮廓绣、菊花绣、锁链绣、打籽绣、长短针绣法，以及叠珠绣、飞鸟绣的珠绣方法。

（三）案例讲解

图1-3-39 《清广绣鹤鹿同春图》

清朝很多画品会以刺绣形式再创作，如《清广绣鹤鹿同春图》（图1-3-39）。绣品构图饱满，层次丰富，针脚平齐细腻，配色鲜丽华美。

鹤造型是广绣中常见的题材，寓意长寿吉祥。在绣工上，用施毛针、套针、撕针、钉针、刻鳞针表现鹤羽毛的丝理和轻盈光亮的质感，又以洒插针、风车针、套针、齐针、扭针等多种针法绣山石、树木、花草，并如实表现出远近层次和光线的明暗。

（四）实践内容

图1-3-40 《鹤文化——鹤蚌相嬉》刺绣

1. 制作一幅《鹤文化——鹤蚌相嬉》刺绣（图1-3-40）

2. 实操时长

80分钟。

3. 材料准备

（1）常用工具。

1）绣花针：9#。

2）绣绷：外直径12cm的圆形。

3）绣布：150mm × 150mm蓝色方形无纺布。

4）绣线：金线、白线、粉红线。

5）黏胶：南宝树脂胶。

（2）所需材料（图1-3-41）。

1）珍珠：直径12mm半球仿珍珠。

2）米珠：直径2mm玻璃米珠（蓝色、绿色）。

3）亮片：直径3mm绿色亮片及直径10mm绿色条纹偏孔亮片。

4）管珠：长6mm的管珠。

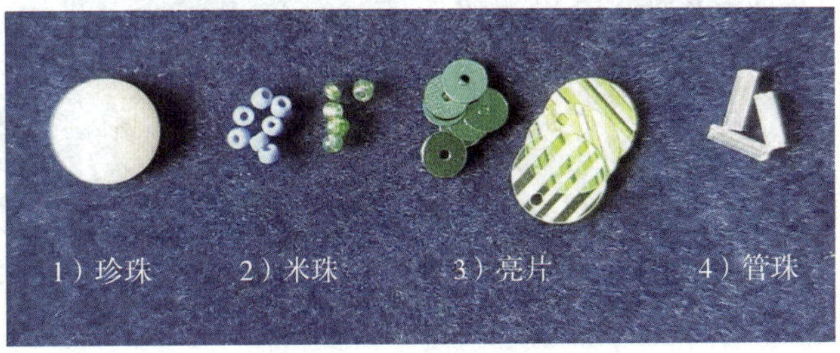

图1-3-41 材料分析图

（五）实践目标

（1）认知目标：了解鹤蚌相嬉的造型方法；掌握米珠、亮片、管珠的刺绣方法；同时掌握平面绣及珠绣在鹤蚌相嬉造型中的运用方法。

（2）技能目标：具备珠绣组合设计的能力及刺绣在鹤蚌相嬉图案上的设计应用能力。

（3）情感目标：融入刺绣工艺，激发学生学习的热情和兴趣；培养学生具备工匠精神、热爱劳动的职业素养。

（六）关键词

鹤蚌相嬉造型、锁链绣、菊花绣、珠绣

（七）实践步骤

1．绘制设计稿

如图1-3-42所示，经过思考绘制设计稿。

图1-3-42　设计稿

2．鹤的制作（图1-3-43）

1. 用绣绷把绣布与图案叠加固定，从下至上顺序为：绣绷内圈—绣布—图案纸—绣绷外圈，把外圈放到内圈上，卡紧，确保绣布及图案平整紧绷

2. 起针，用游针法绣出鹤的外轮廓，用锁链法绣出外圈轮廓，完成后取出图案纸，调整绣绷，保证绣面平整紧绷

3. 用叠珠绣的方法绣出海浪边饰，用飞鸟绣的方法绣出蚌的造型，加米珠点缀（难点）

4. 在珍珠底面涂上南宝树脂胶，粘合在蚌的中间位置

5. 用菊花绣的方法绣出鹤翅膀的造型（重点）

6. 用打籽绣的方法绣出鹤腹部的造型

7. 用长短针绣的方法绣出鹤上部身体的造型

8. 调整完善鹤的造型，收针

图1-3-43　鹤的制作

3. 相关针法的操作图解

本次课所用重要针法包括：游针法、锁链绣、叠珠绣、飞鸟绣、菊花绣。具体操作方法如下所示。

（1）游针法（图1-3-44）。

1. 第二针从第一针A、B点的中间C点出针，A、B点之间约7mm，确保针脚拉直并且平贴在绣布上
2. 用同样的方法沿着画好的线绣，确保每一个针脚紧实而且服帖

图1-3-44　游针法

（2）锁链绣（图1-3-45）。

1. 起针，从A点出针
2. 再从A点入针，同时从B点出针，并把线压在针尖下面绕成线环
3. 拉出线，直至线环与拉出的线紧贴

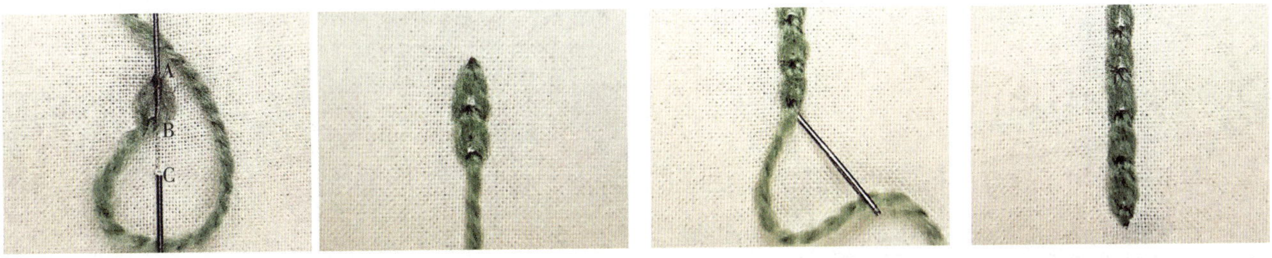

4. 从B点同一针孔入针，同时从C点出针，并把线压在针尖下面绕成线环；以同样的方法继续刺绣
5. 结束时，在最后一个线环外侧入针
6. 拉出线，在绣布背面打结，收针

图1-3-45　锁链绣

（3）叠珠绣（图1-3-46）。

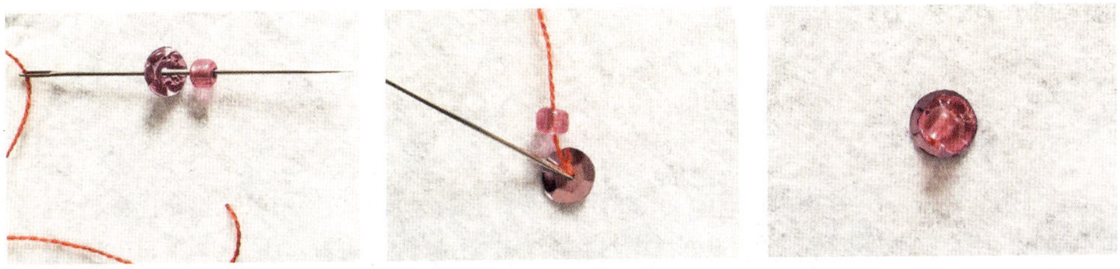

1. 线打结后，将针从绣布正面刺出，并依次穿一个亮片和一颗米珠
2. 使珠子沿线滑落到绣布上，然后把针穿回到亮片的针孔里刺入绣布
3. 抽针拉线并打结，收针

图1-3-46　叠珠绣

（4）飞鸟绣（图1-3-47）。

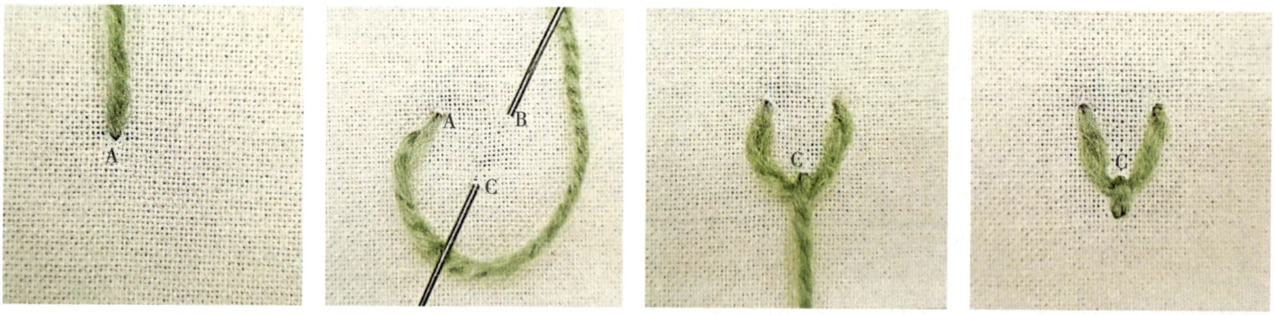

1. 起针，从A点出针，这是针迹的左边

2. 从B点入针，同时从C点出针，并把线压在针尖下面形成开口线环

3. 用拇指按紧线环固定好位置。拉出线，直到线环紧贴C点

4. 从C点下方线环外侧入针来固定线环。在绣布背面打结，收针

图1-3-47　飞鸟绣

（5）菊花绣（图1-3-48）。

1. 起针，从A点出针。出针后，将线拉至左边

2. 再从A点入针，同时从B点出针，并把线压在针尖下面绕成线环

3. 拉出线，直至线环变成细圈，在线环末端外侧入针

4. 拉出线。在绣布背面打结，收针

图1-3-48　菊花绣

（八）思考与讨论

本节课采用了叠珠绣的方法来表现海浪的造型特点，请问，还能用什么方法及材料来表现海浪？

考虑海浪迭起的效果，可用米珠串半圈的方式表达，也可以用其他可营造迭起效果的珠饰来表达。

内容拓展
《鹤文化——蚌鹤共舞》剪纸

六、《鹤文化——瑞鹤祥云》衍纸

（一）瑞鹤祥云

瑞鹤，也指仙鹤，象征吉祥之鹤。中国古代神话故事中的鹤可以在超越俗世的时间和空间往来，《相鹤经》说鹤“飞则一举千里”，这种特殊的飞翔能力，往往用来比喻有大志。一般民间用瑞鹤表达祝寿，取长寿或仙寿之意。

祥云指象征祥瑞的云气，是传说中神仙所驾的彩云。瑞鹤祥云表达的是吉祥的意思，用于祝寿、祝福等。宋代诗人孙锐在《泊平望吊玄真子》曾描述：祥云瑞鹤欻然至，泛此凌空归太清。

名画赏析

北宋政和二年（1112年）元宵节次日傍晚，开封百姓忽然看到群鹤在端门低低盘旋、久久不散。鹤是长寿的仙禽，端门是宋宫的正始之门，宋徽宗赵佶觉得这是国运临门的吉兆，便欣然绘制工笔设色画《瑞鹤图》（图1-3-49），祈求佳运。"祥云瑞鹤"便是隐喻吉祥的词语！

这是一幅界画①与花鸟画巧妙合一的佳作。以界画绘屋脊，花青加墨晕染天空，白鹤多而不乱，在青黛色中显得格外鲜明，有盘旋动感。

图1-3-49 《瑞鹤图》

（二）衍纸工艺

衍纸工艺②，是一种独特的纸艺，以纸张材料为主，裁成细长条。可在造型时依靠卷、压、捏、弯等手法，多种组合来进行瑞鹤祥云的艺术创作。通过无限的想象力和创造力，衍纸能将各种单调、细长的衍纸条变成栩栩如生、色彩斑斓的作品。

（三）案例讲解

在意大利和法国等教堂里曾出现衍纸装饰，用纸张代替铁丝，装饰那些单调的宗教用品，一改教堂单一乏味的气氛，既表达对神的尊敬，也表现了人们对美好事物的热爱和对未来生活的向往。衍纸呈现出半立体或立体式的浮雕感，极大地增加了纸艺语言的丰富性和独特性（图1-3-50）。

（a） （b）

图1-3-50 16世纪欧洲衍纸装饰的神画、神龛

（四）实践内容

1．制作一幅《鹤文化——瑞鹤祥云》的衍纸作品（图1-3-51）

分为鹤、祥云、松树三个部分。

2．实操时间

40～80分钟。

图1-3-51 《鹤文化——瑞鹤祥云》

---

① 界画，即用界笔、界尺为工具来表现建筑的绘画。

② 中山民俗——《四月八——舞龙》衍纸中有具体介绍。

3. 材料准备（图1-3-52）

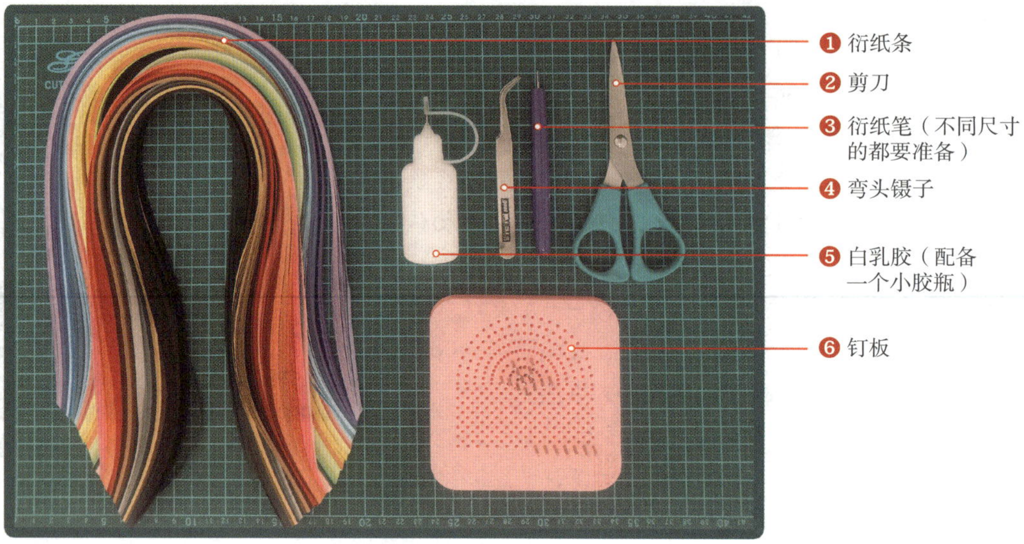

图1-3-52 材料分析图

（五）实践目标

（1）认知目标：了解衍纸的基本技法和衍纸艺术的三种形式。
（2）情感目标：感受鹤文化，传承、弘扬传统文化。
（3）能力目标：能够熟练运用技法，创作出优秀的衍纸作品。

（六）关键词

衍纸、鹤文化

（七）实践步骤

1. 鹤的衍纸制作（图1-3-53）

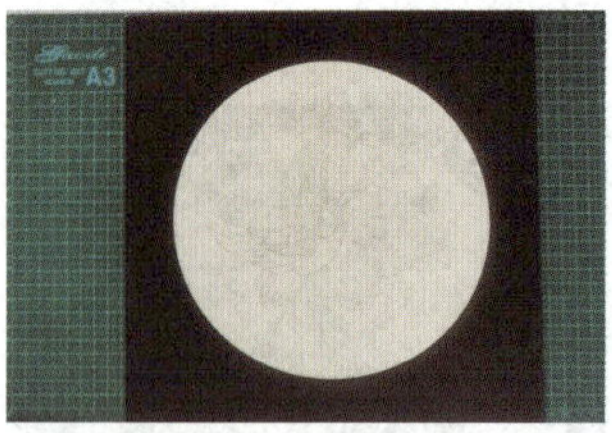

1. 绘制出要制作的衍纸线稿，初学者可以购买现成的线稿，接下来用衍纸做鹤的翅膀

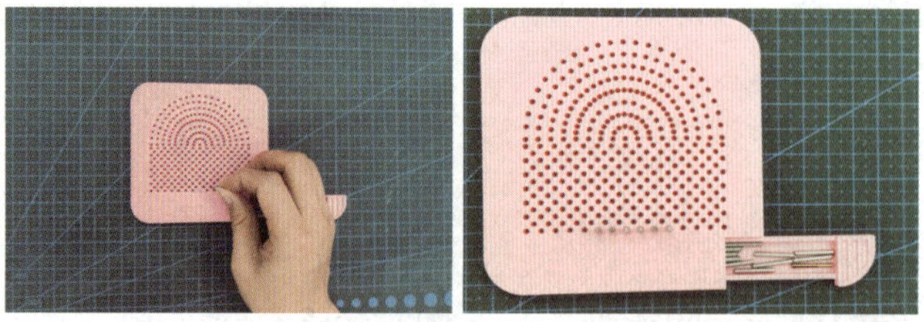

2. 把小柱子插在钉板上，可以选择钉板上任意一行。根据鹤翅膀的长度插上7根小柱子

图1-3-53 鹤的衍纸制作

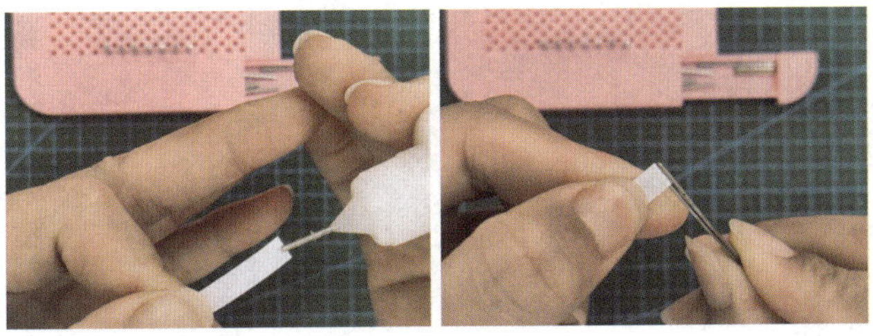

3. 衍纸条的末端涂上白乳胶，镊子捏住把衍纸条对折，粘住后面的衍纸

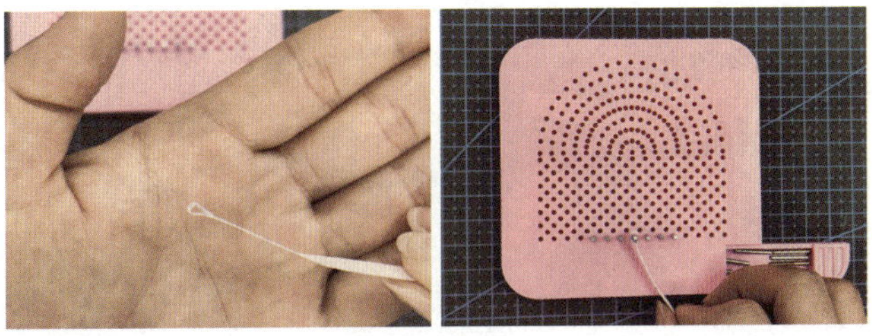

4. 把镊子取出，形成一个小圆圈，然后把小圆圈套在中间的柱子上

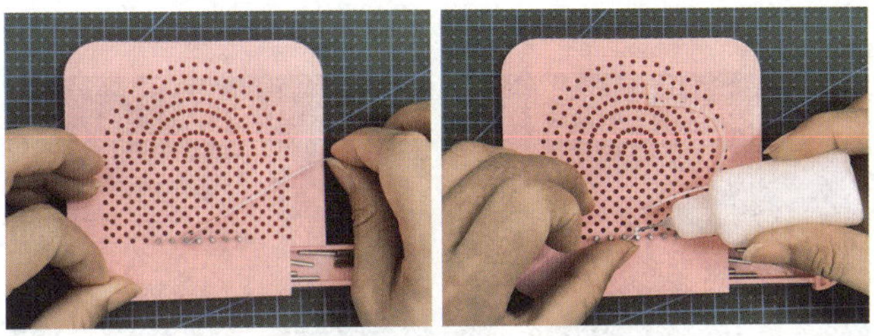

5. 把衍纸条绕到左边相邻的小柱子上，中间小柱子上要涂一点点白乳胶

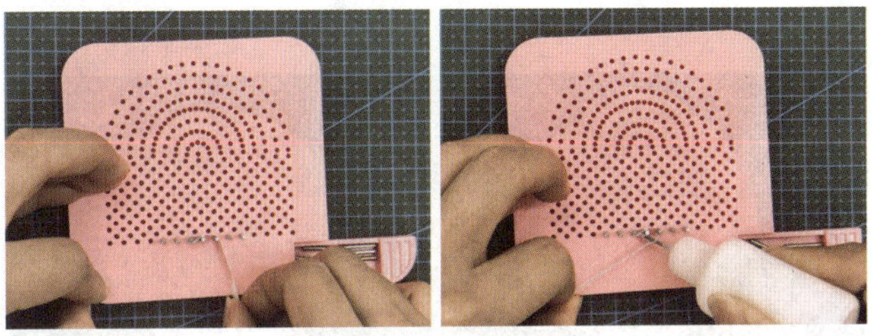

6. 绕到右边相邻的柱子上，以此类推绕完7根柱子，然后涂上白乳胶

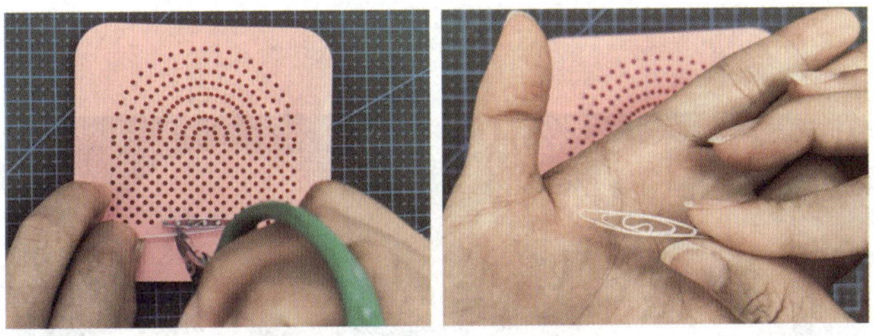

7. 把多余的衍纸条剪断，从钉板上取出

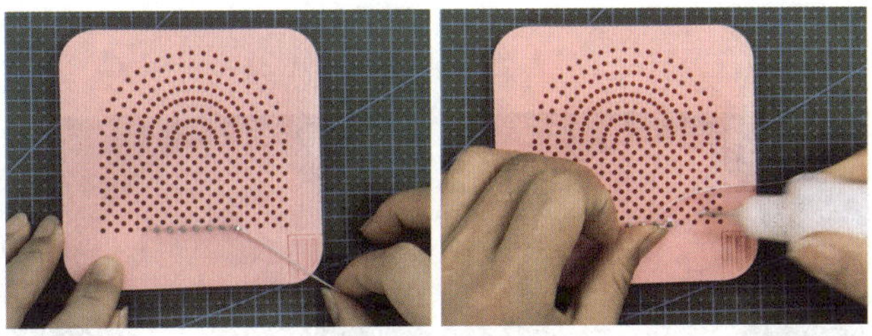

8. 重复3、4两个步骤，把小圆圈套在最后一根小柱子上，绕过相邻的一根小柱子，在最后一根小柱子涂上白乳胶

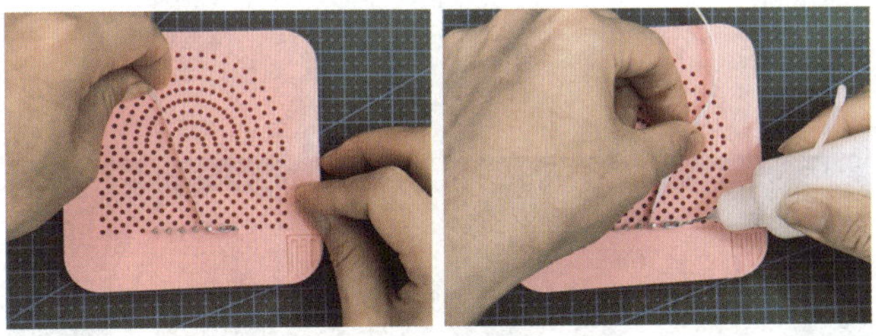

9. 往前绕一根小柱子，还是在第一根小柱子的衍纸条上涂一点白乳胶

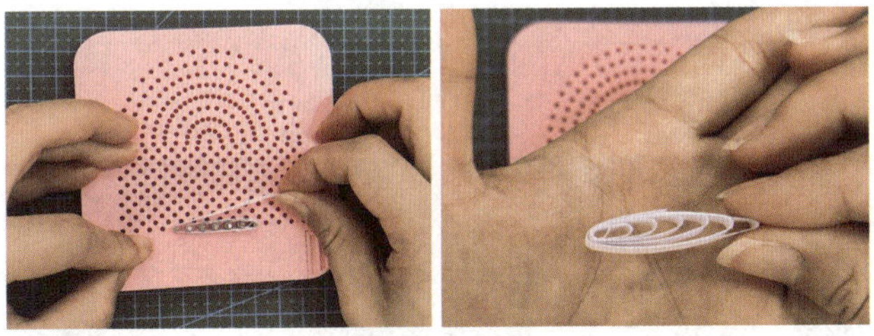

10. 绕完最后一根小柱子，剪断衍纸条，涂白乳胶，把衍纸从钉板上取出

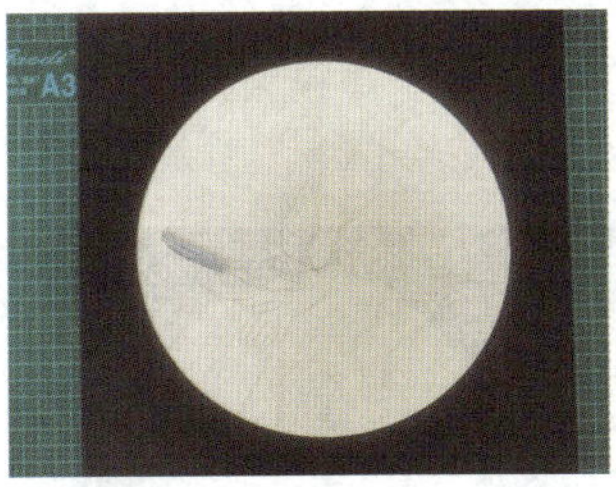

11. 把做好的两片衍纸，放在线稿上看看长度是否合适，合适就进入下一步，不合适要重新调整长度

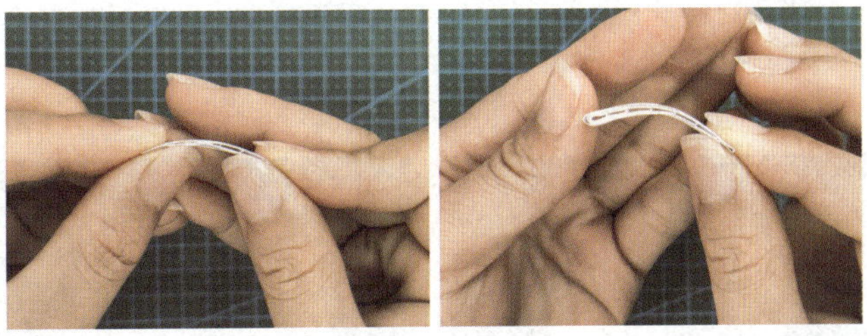

12. 把7和10两个步骤的衍纸用拇指和食指弯曲

图1-3-53 鹤的衍纸制作（续）

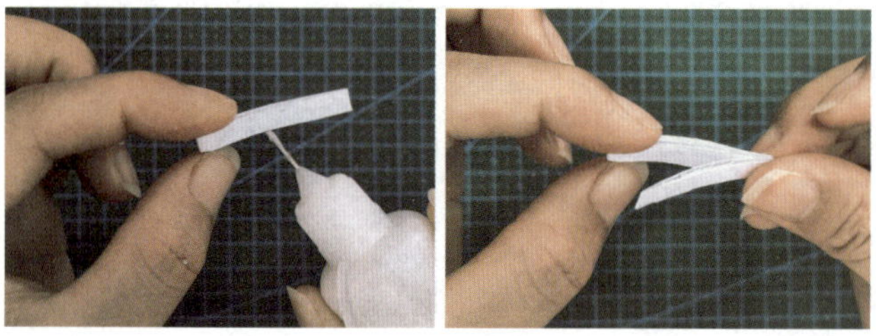

13. 其中一片衍纸的内侧涂上白乳胶，然后把两片衍纸粘在一起

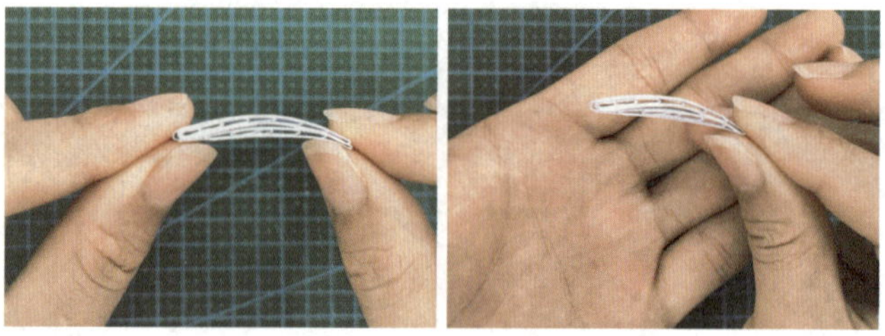

14. 用手轻轻捏住衍纸两端，让两片衍纸更加贴合，鹤翅膀上的羽毛就做好一片了

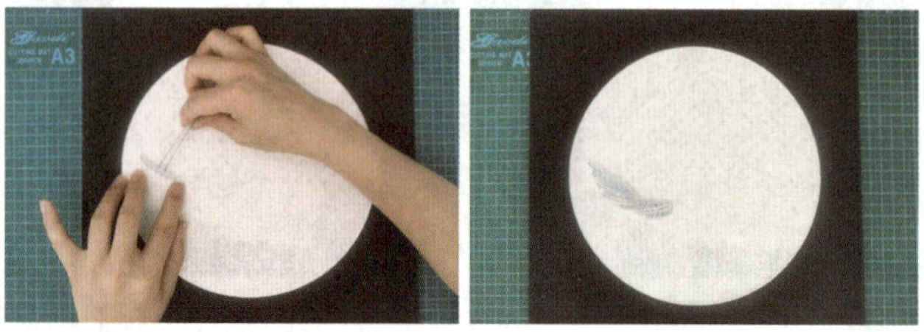

15. 在线稿相应的位置涂上白乳胶，把粘好的翅膀放在上面用镊子轻轻压住，以此类推把翅膀最外层填满

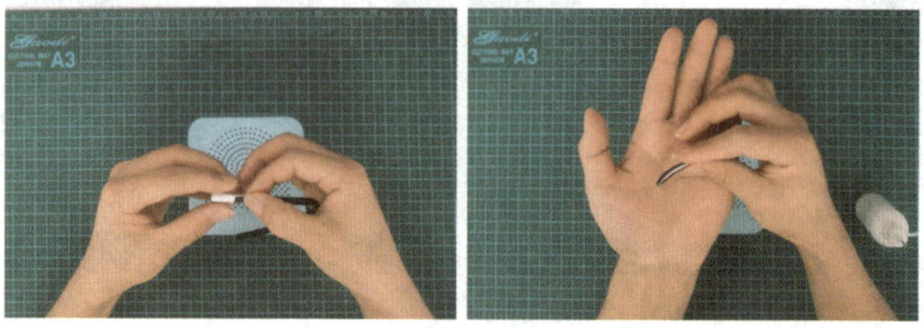

16. 在步骤7和步骤10的基础上，用黑色衍纸条做包边处理。这里的大小和长度是根据线稿翅膀上第二层的羽毛长度决定的

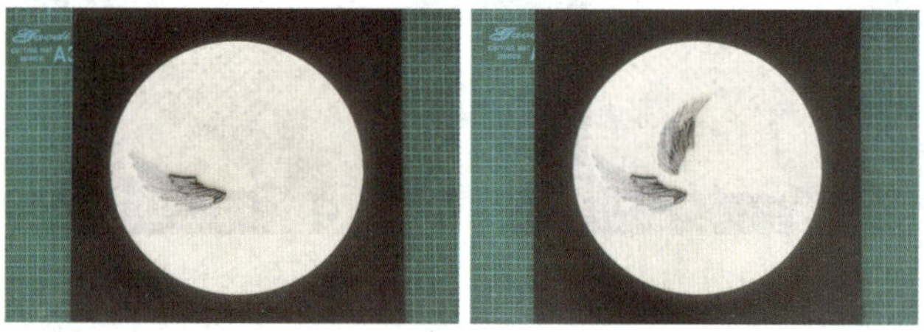

17. 重复上面的步骤，把两个翅膀做完

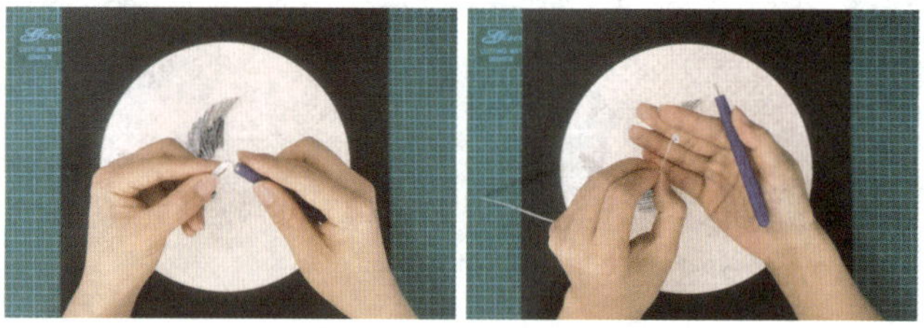

18. 接下来做鹤的身体，用衍纸笔卷几圈，然后把衍纸笔取出来

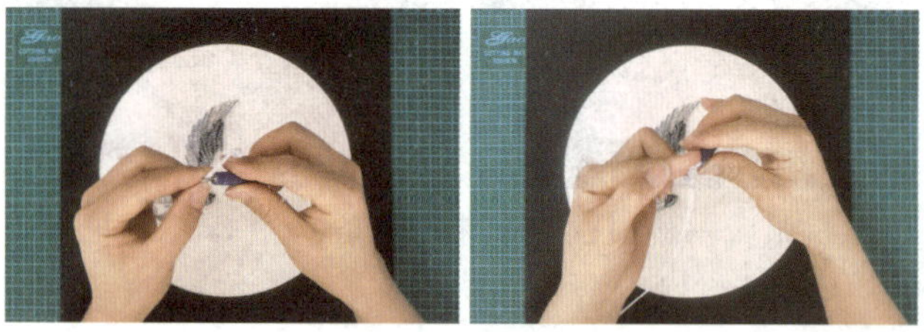

19. 衍纸笔放在衍纸条后面2～3cm处，然后反方向卷

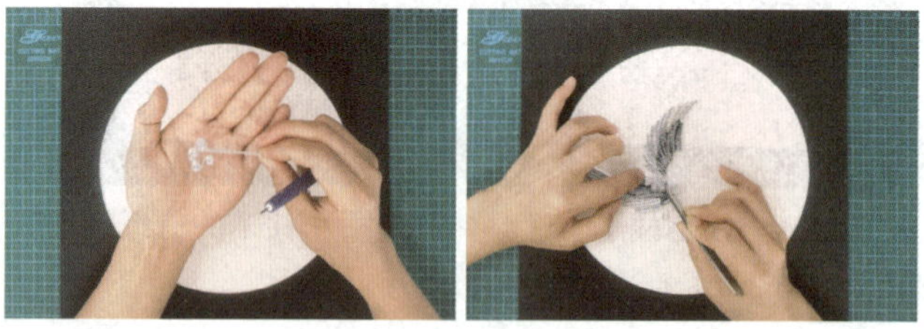

20. 重复2～3次，然后放在已经涂了白乳胶的翅膀线稿上

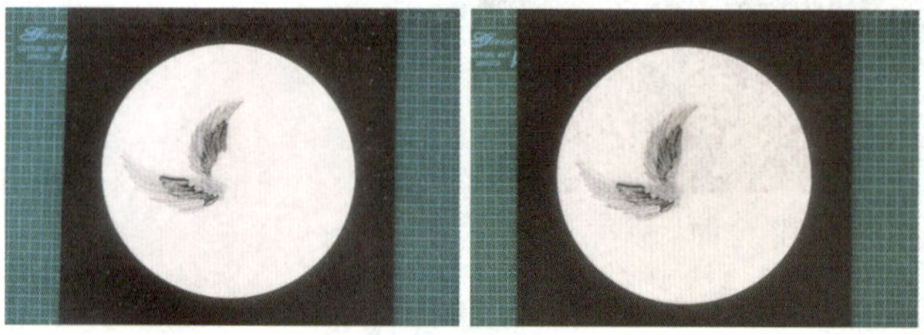

21. 用同样的方法把另一边的翅膀做好

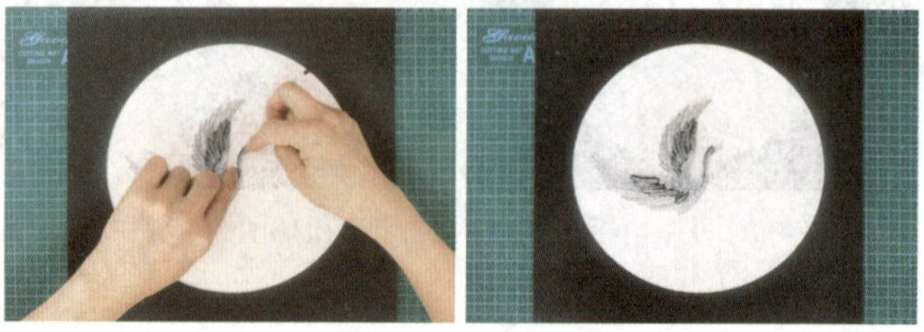

22. 用步骤7、10、16的方法做出零部件，然后把零部件按照鹤的身体造型组合起来

图1-3-53　鹤的衍纸制作（续）

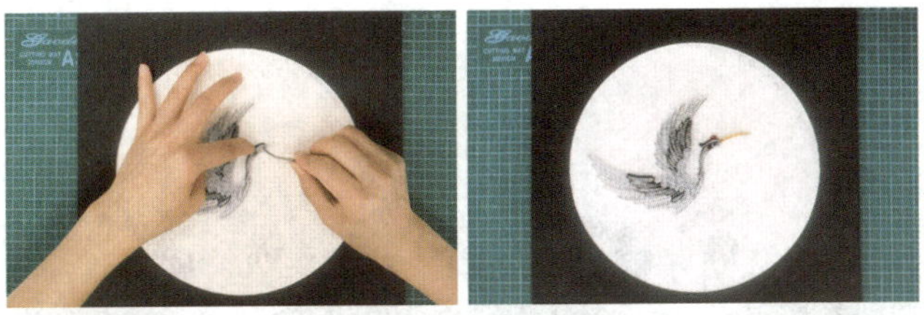

23. 把鹤的头部、眼睛粘好，嘴巴是用线的方式贴的（后面讲祥云的时候会详细介绍）

24. 腿部与身体连接的地方，用做翅膀和身体的方法制作（贴的时候要注意与身体的连接要自然些）

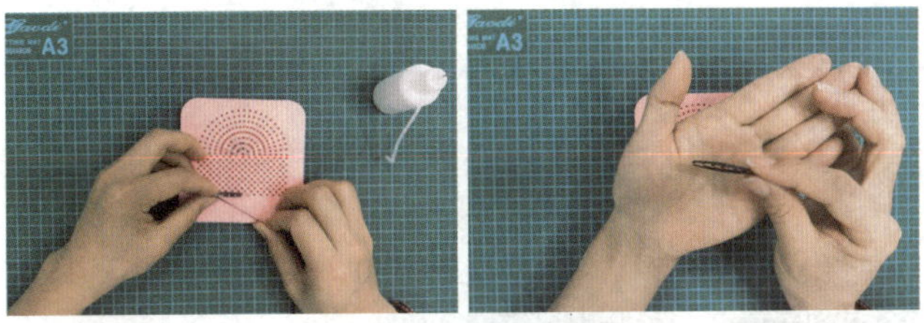

25. 制作尾巴，用黑色的衍纸条重复步骤7和步骤10

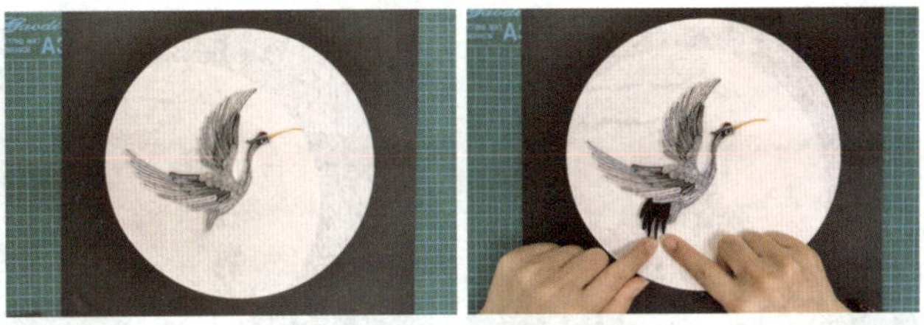

26. 一组一组把尾巴贴上（注意尾巴与身体的连接处过渡要自然）

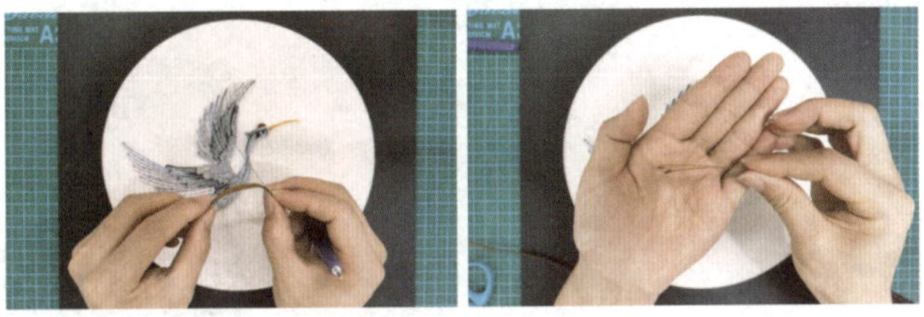

27. 在线稿上量一下鹤脚和脚趾的位置，做记号，然后按着记号用棕色衍纸折出脚的形状

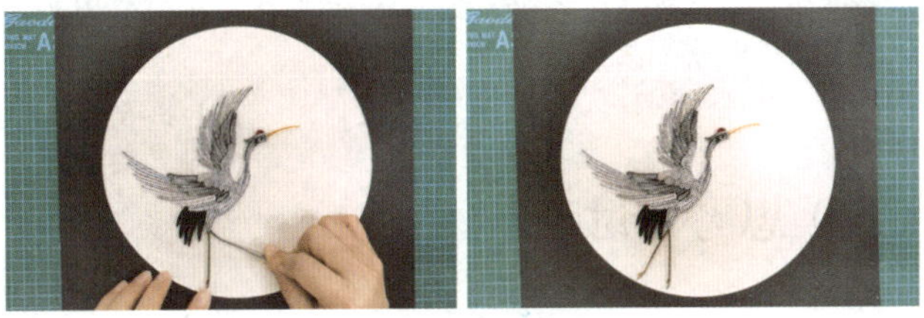

28. 把折好的鹤脚放在涂了白乳胶的位置，用镊子固定好位置，同样的方法把另一只脚也贴好

图1-3-53　鹤的衍纸制作（续）

2. 祥云的衍纸制作（图1-3-54）

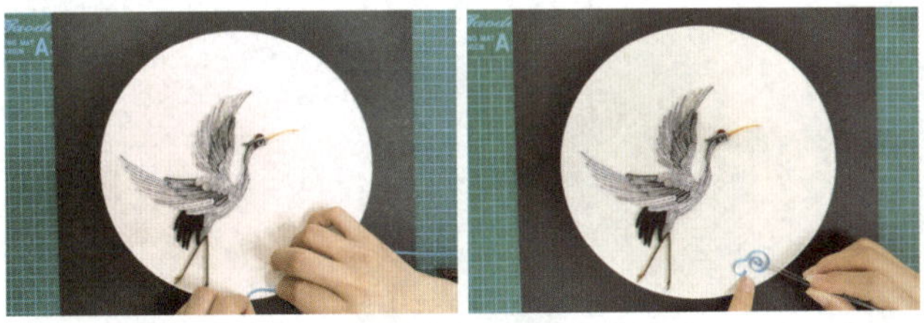

1. 做小朵的祥云，按照线稿的造型把祥云捏出造型，然后放在涂了白乳胶的线稿上。用镊子轻轻压一下，这样可以防止变形

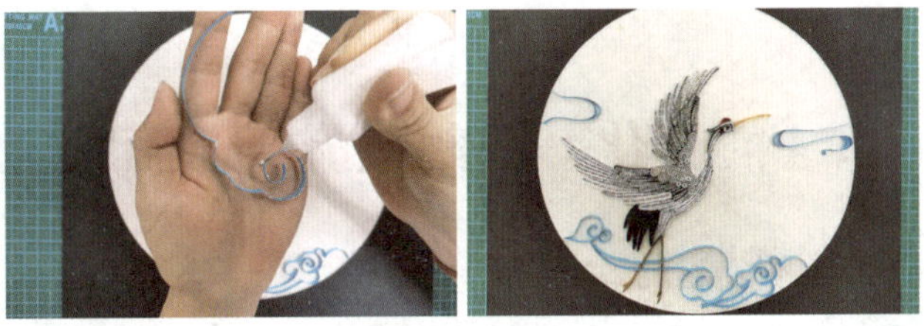

2. 祥云捏了造型后把白乳胶点涂在衍纸边缘上，白乳胶不能放太多，太多衍纸条会变得软糊。运用步骤1、2把所有的祥云做完

图1-3-54　祥云的衍纸制作

3. 松树的衍纸制作（图1-3-55）

1. 松树干结合了制作鹤的步骤18～20，及祥云的做法，这里先把松树外轮廓捏出来粘在线稿上，再往里面填充

2. 把绿色衍纸条剪出松叶的长度，然后用衍纸笔杆压弯曲

图1-3-55　松树的衍纸制作

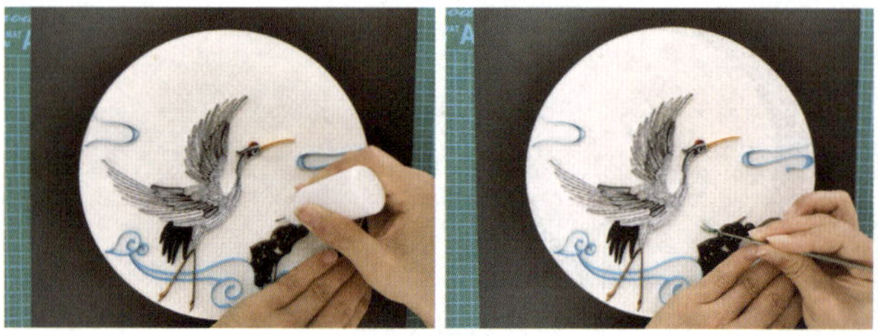

3. 用白乳胶画出叶子的形状，然后用镊子把前面剪下来的叶子放在画好的白乳胶的线稿上。这里不能太着急，等第一根站稳了再放第二根

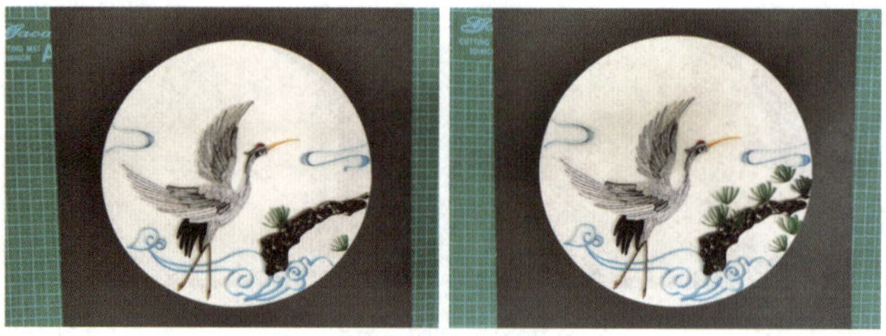

4. 重复前面3个步骤，把树干和松叶贴好，松树的叶子最好用两种绿色，这样更有层次感

5. 把上面的树干也贴好，根据树的生长趋势，右边比左边略粗一点

6. 贴树叶的时候可以有一部分不在一个平面上，贴在树枝上或者叠加在已经贴好的树叶上，这样整个画面层次更丰富

图1-3-55　松树的衍纸制作（续）

（八）思考与讨论

怎样才能让衍纸作品变得层次丰富？

衍纸艺术的魅力在于想象力和创造力，可以用不同的技法搭配，不同的颜色搭配，用大大小小的松、紧卷去贴，也可以把衍纸剪成长长短短的小段拼在一起。技法与造型结合，就可以做出层次丰富、千变万化的作品。

内容拓展
《鹤文化——松鹤延年》拼贴画

七、《鹤文化——鹤戏流云》滴胶

（一）鹤戏流云

《淮南子·说林训》记：“鹤寿千岁，以极其游”。鹤在民间被认为是长寿仙禽，其还被列为仅次于皇家专用的龙凤的重要标志。人们称鹤为“一品鸟”，也把鹤作为高官的象征。同时，鹤纹作为祥瑞图案放入织锦、服饰中。用鹤纹间以云饰，有延年益寿的寓意。

明清时期官员的服饰上出现“鹤文化”，如一品官员的朝服就有仙鹤的图案。在明代的官服补子图中，鹤为一品文官服专用纹样，在皇族，其地位与麒麟纹持平（图1-3-56）。

清代高官服饰上最常见的“鹤立潮头”与“仙鹤飞翔”图样，“潮”取“朝”的谐音，象征着“一品当朝”；仙鹤在云中飞翔的纹图，象征“一品高升”“指日高升”（图1-3-57）。此时，鹤被赋予了忠贞清正、品德高尚的文化内涵。

图1-3-56　明代官服

图1-3-57　清朝一品官服

（二）滴胶工艺

水晶滴胶，简称滴胶，是一种双组分配制的AB胶，在国外称其为圆顶工艺，它本身有黏性，像胶水，做出来的质感又特别像水晶。其固化产物具有耐水、耐化学腐蚀、晶莹剔透的特点，水晶滴胶分为软性水晶滴胶、硬性水晶滴胶、弧面胶、打磨胶、PU胶等几种。水晶滴胶可以与纸、金属、木头、植物等材料结合作用，如与木头融合（图1-3-58）。形成原理类似琥珀，就是将人造的树脂混合胶液滴进不同形状的模具内，里面可任意加入如干花花瓣、木块、碎石、羽毛或动植物标本等任何自己喜欢的物料，完美封存色彩与姿态，或者以首饰、梳子、碗等各类形状的工艺品存在（图1-3-59～图1-3-62）。

滴胶工艺简单易学，成本不高，变化丰富，而且不需要复杂的器具即可进行创作，需时不过20小时。不过此胶有较强的刺激性气味，需在通风、开阔处操作。

图1-3-58　滴胶与木头融合

图1-3-59　滴胶与动物结合

图1-3-60　滴胶与线结合

图1-3-61　滴胶与彩砂结合

图1-3-62　滴胶与竹结合

（三）案例讲解

滴胶作品有二维平面和三维立体之分，平面的简单易上手，效果也很丰富，而立体的滴胶作品具有空间感，通常注重写实逼真（图1-3-63）。

图1-3-63　滴胶作品

（四）实践内容

1．制作一个《鹤文化——鹤戏流云》滴胶作品（图1-3-64）

需要经过制作底层胶、绘画鹤的形象、制作封层滴胶、脱模四个环节，因滴胶凝固需要时间，因此课程将分为4课时来完成。

图1-3-64　鹤原图—设计图—鹤的丙烯滴胶画

2．实操时间

160分钟。

3．材料准备（图1-3-65）

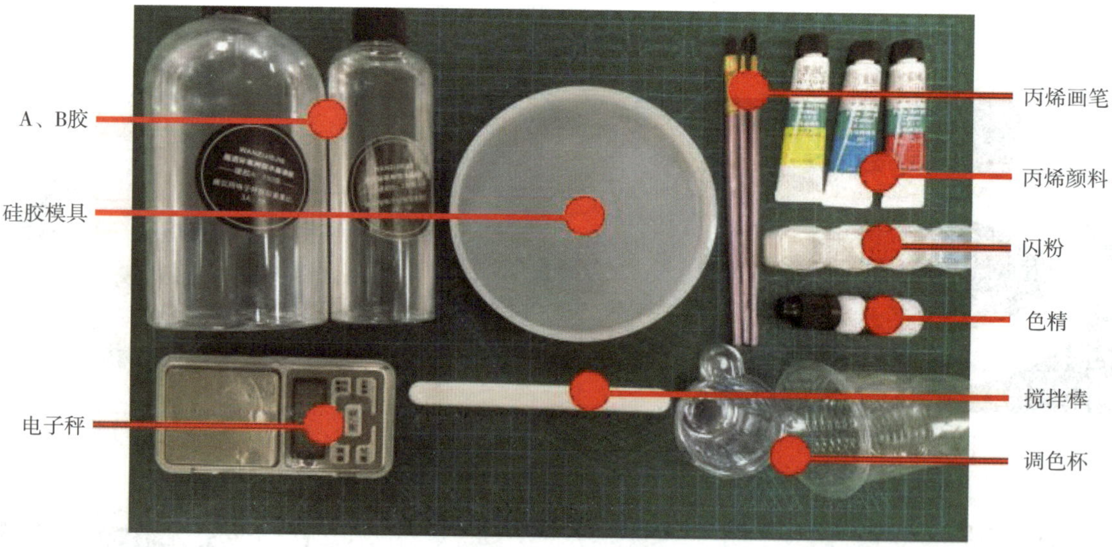

图1-3-65　材料分析

（五）实践目标

（1）认知目标：了解滴胶的制作工艺及其原理。
（2）技能目标：学会丙烯滴胶的技法。
（3）情感目标：能够在学习制作的过程中感受滴胶带来的鹤文化的魅力。

（六）关键词

丙烯、滴胶、鹤文化

（七）实践步骤

1. 制作底层胶（图1-3-66）

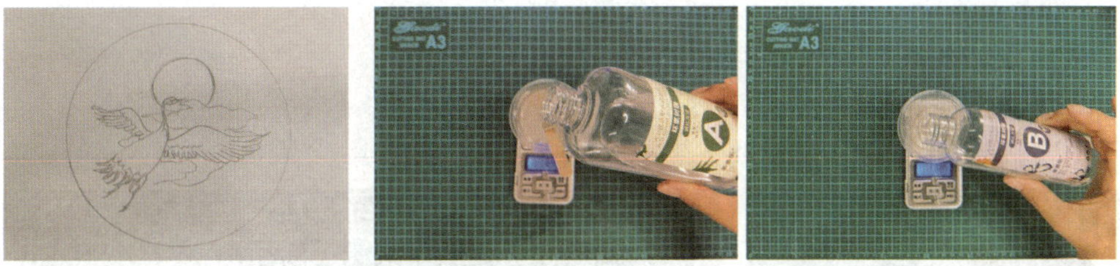

1. 确定草图

2. 用电子秤称取A胶和B胶的重量比例为3∶1的透明滴胶液体

3. 顺一个方向重复搅拌至没有拉丝

4. 将搅拌好的透明滴胶倒进圆形模具后加入白色色精完成具有天空效果的第一层滴胶

图1-3-66 制作底层胶

2. 绘画鹤的形象（图1-3-67）

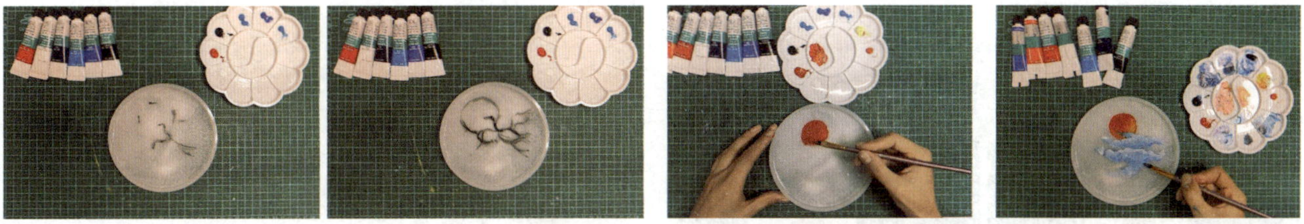

1. 先定好太阳和鹤的位置，了解鹤的大致形状，做到心中有数

2. 先铺一层红色绘制出太阳

3. 绘制云的地方，越靠近太阳蓝色越浅，进行蓝色渐变，最上面靠近太阳为白色

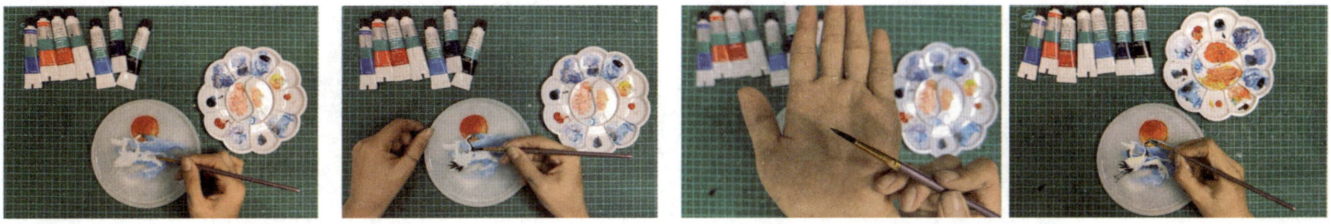

4. 先用白色铺一层鹤的底色

5. 用黑色描绘出鹤的黑色羽毛

6. 用最小号的丙烯勾线画笔绘制鹤的头部、嘴巴、腿等细节

图1-3-67 绘画鹤的形象

7. 此时鹤的形象初步绘制完毕

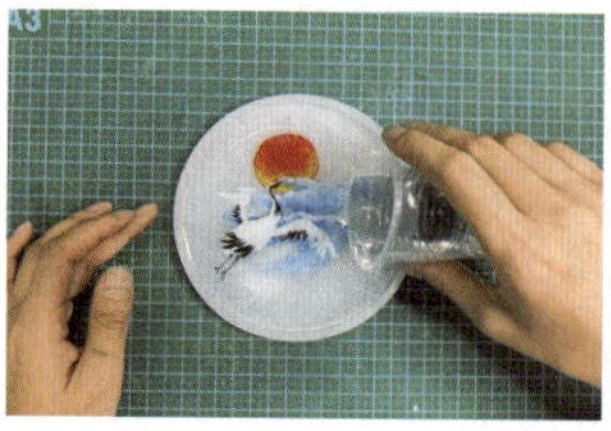

8. 完成第一次的鹤形象的绘画后需要再倒一层透明滴胶，为后续做鹤的层次感做好准备

9. 第二层丙烯画将靠近视觉前方，如鹤的右边翅膀、鹤的尾巴再画一遍，增强层次感，此时丙烯画部分已完成

图1-3-67　绘画鹤的形象（续）

3. 制作封层滴胶（图1-3-68）

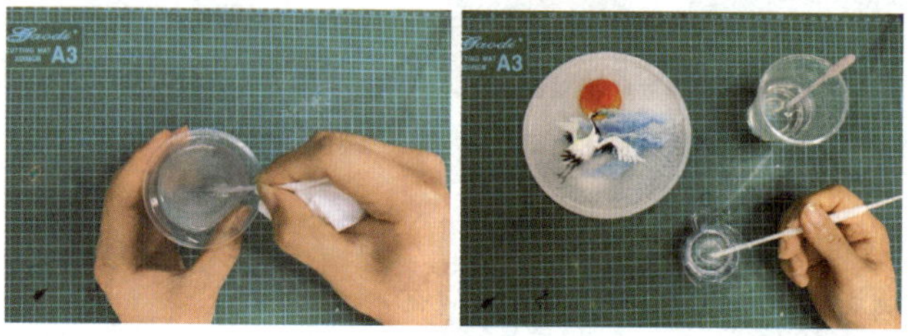

1. 依旧以之前为参考准备好透明的滴胶

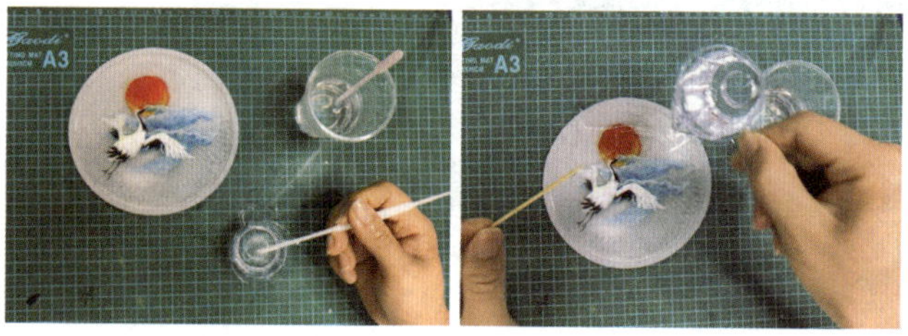

2. 往透明滴胶液体中加入闪粉，搅拌均匀

3. 滴胶封层完成，等待作品自然风干即可

图1-3-68　制作封层滴胶

4. 脱模（图1-3-69）

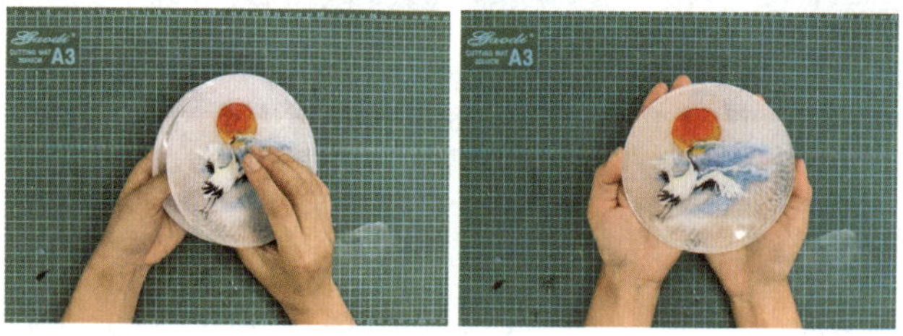

1. 脱去模具

2. 作品完成

图1-3-69　脱模

（八）思考与讨论

从制作的过程中感受到了鹤文化怎么样的魅力？它与滴胶还能怎样结合？

滴胶透明的效果较好地呈现了鹤形象的质感，除此之外，还可以通过其他手法，如剪贴纸的形式来制作，也会有不一样的效果。

八、《鹤文化——鹤戏人间》折纸

（一）鹤文化

古代，鹤被赋予了强烈的神话色彩，其地位仅次于凤凰，凤凰是第一神鸟，而鹤也是能够往返于仙凡之间的神鸟。上古时期的丹朱氏族[1]就是以鹤为家族图腾（图1-3-70），在祭祀活动中也同样踩着高跷模仿鹤的姿态，从这里可以看出鹤的神灵意向。

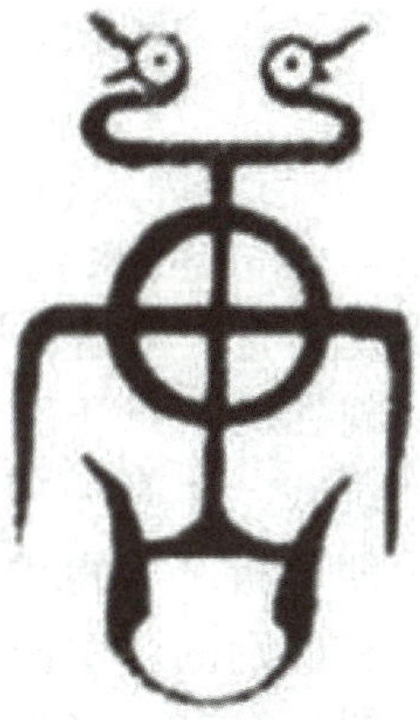

图1-3-70 丹朱氏族家族图腾

同时，鹤在民间，也是抒发情感的载体。如中国古籍文学里常用“成鹤”对幼仔的精心哺育，象征父母对子女的爱，维护子女，甘愿牺牲。如《周易·中孚》记载：“鸣鹤在阴，其子和之。”意思是鹤在鸣叫的时候它的子女会相和。鹤在其中也表示父子之道。后这一关系进一步衍生为君臣关系，古语云“鹤鸣于九皋，声闻于天。”这是以鹤象征“君臣”的原始出处。

独特的“一夫一妻制”和“忠贞”的爱情观，符合古人对向往爱情的追求。南北朝的诗文常常以“别鹤”来比喻夫妇离别之情或是深闺女子对客居他方的爱人的思念。如周昉的《簪花仕女图》和黄荃的《六鹤图》。

鹤喜欢栖息在涤尽繁器的郊野，如深谷、小渚等，也有表达“归隐山林，闲云野鹤”的归隐鹤观。

（二）折纸

折纸，又称“工艺折纸”“折纸设计”。折纸是我国传统民间艺术，折纸是一种以纸张折成各种不同形状的艺术活动[2]。可以通过折、画、剪、粘贴等活动创作作品。在这个过程中，手、眼、脑、口多种感官共同参与活动。折纸是折叠纸张的艺术，把纸张折出各种指定的形状和花样。

折纸起源于公元1世纪或者2世纪时的中国，6世纪时传入日本再经由日本传到全世界。也有说法认为折纸起源于日本和西班牙。西汉中期，古人造出真正意义上的纸，但不适合用于折叠，而且文献和出土文物始终没有关于折纸的记载。

许多日本人认为折纸起源于日本，折纸在日本是用于祭祀方面的。直至造纸普及后才盛行于民间。隋朝时期，日本“纸神”，即高僧昙征把造纸术传到了日本，折纸在日本很快兴起并被广泛运用到了佛教礼仪当中。在公元1200年左右，日本出现了比较复杂的纸模型，用于庆祝婚礼。到了室町幕府（1336—1573年）时期，纸成为廉价品，折纸流传到社会各个阶层，人们折出各种纸偶（图1-3-71）用于祭祀传统节日女儿节，这一习俗一直流传至今。

图1-3-71 日本女儿节折纸

① 丹朱，华夏族，中国上古部落联盟首领尧的长子。尧有十个儿子，十个儿子当中，丹朱是年纪最大的，可也是最不成器的一个。相传，因为丹朱不肖，尧把部落联盟首领之位禅让给了舜。据《唐书·宰相世系表》所载，帝尧之子丹朱被舜封为唐侯，后其国被周成王所灭，子孙有以国为氏者，此为陕西唐姓。

② 词语“折纸”的解释，汉典（引用日期2017-05-25）。

被公认为现代折纸之父的是一个名叫吉泽章（图1-3-72）的日本人。他提出了“湿折法”，并与美国人Sam Randlett共同发明了“吉泽章—Randlett系统”（图解折纸术语）将折纸艺术发扬光大（图1-3-73）。

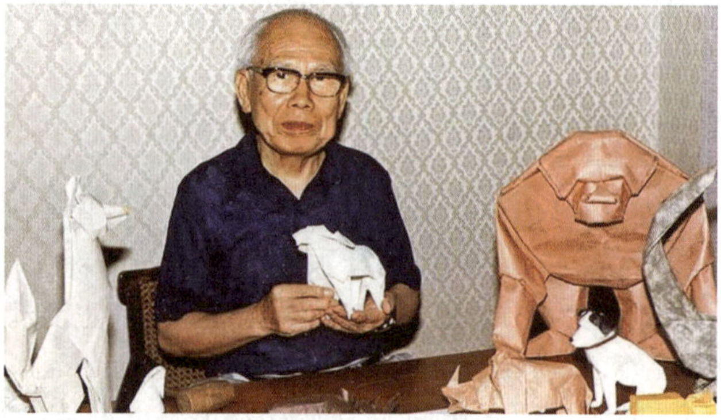
图1-3-72　吉泽章

现在的折纸不只限于使用纸张。折纸既是一种游戏，也是一项思维活动。折纸大师罗伯特·朗的折纸心得中提到不同的纸张折出的作品是有区别的。中国折纸第一人刘通（图1-3-74、图1-3-75），仅靠折叠就足以完成各种他想要的形态，无须任何裁剪与拼贴，用折纸展示着中国文化和智慧。

（a）

（b）

图1-3-73　日本折纸

图1-3-74　中国折纸第一人刘通①

图1-3-75　龙之魂（刘通）

（三）实践内容

图1-3-76《鹤文化——鹤戏人间》折纸

1. 制作一个《鹤文化——鹤戏人间》纸鹤折纸（图1-3-76）

2. 实操时间

40分钟。

3. 材料准备

正方形纸张（本案例用18cm × 18cm）。

（四）实践目标

（1）认知目标：认识鹤文化与折纸的艺术性。

（2）技能目标：通过折纸鹤有效地提高学生的动手能力。

（3）情感目标：通过了解鹤文化与折纸艺术性增加学生对折纸鹤的兴趣，并传承古老的纸艺文化。

（五）关键词

鹤文化、折纸

① 刘通，“中国折纸大师”“中国折纸第一人”“中国唯一一位折纸国礼设计师”“米兰世博会中国特约设计师”。

（六）实践步骤

鹤的制作（图1-3-77）

1. 准备一张正方形的纸

2. 正面横折一次，竖折一次，留下一个“+”的折痕，反面对角各折一次，留下一个“×”的折痕，一起形成“米”的折痕

3. 将其中一条“×”的折痕并拢，沿着折痕叠成图中所示的状态

4. 分别将左右两边向中轴线折叠，注意开口位置在下方，反面同样折叠

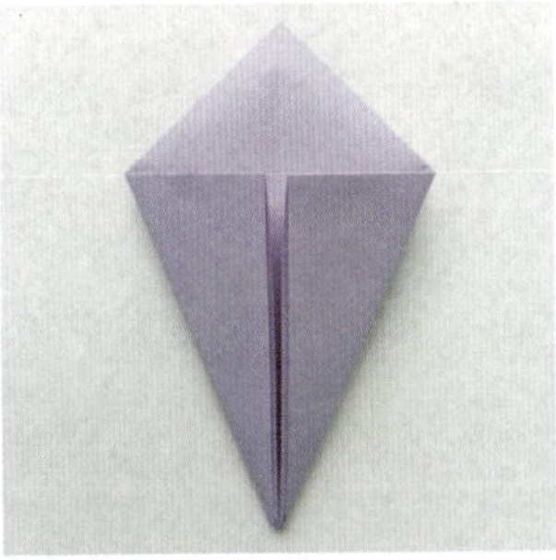

5. 注意开口位置在下方，反面同样折叠，折出折痕

6. 白虚线三角形位置分别向上和向下折出折痕，把第“5、6”步骤折好后，打开

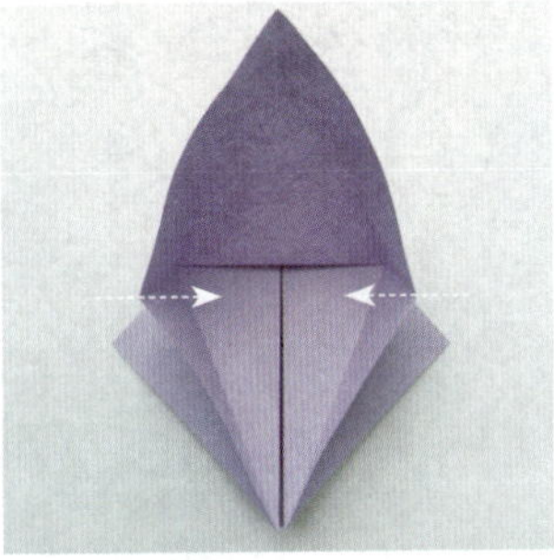

7. 把最上面的一页打开，沿着折痕往中轴线将两边向里面推进

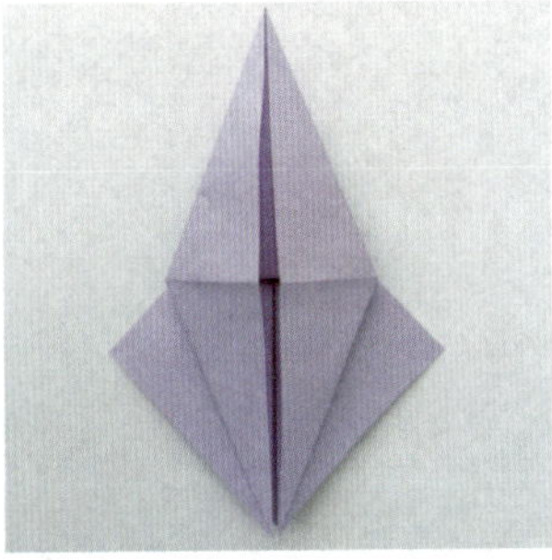

8. 形成一个菱形

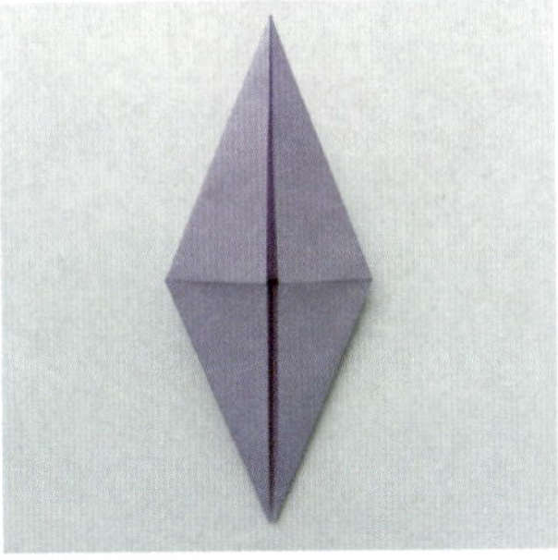

9. 反面同样操作

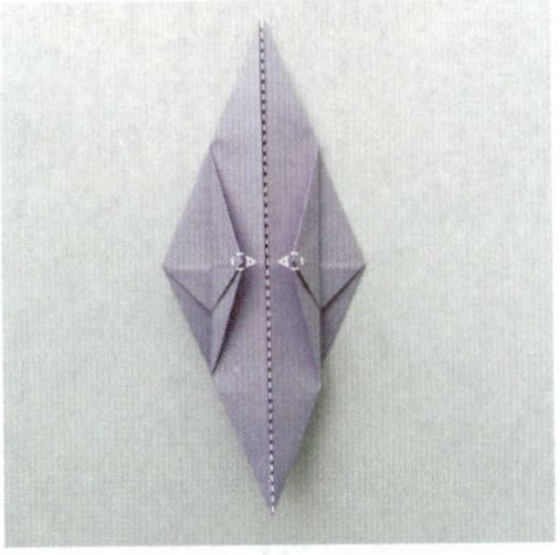

10. 沿着中轴线将左右两个角往里折，角刚好到中轴线，反面同样操作

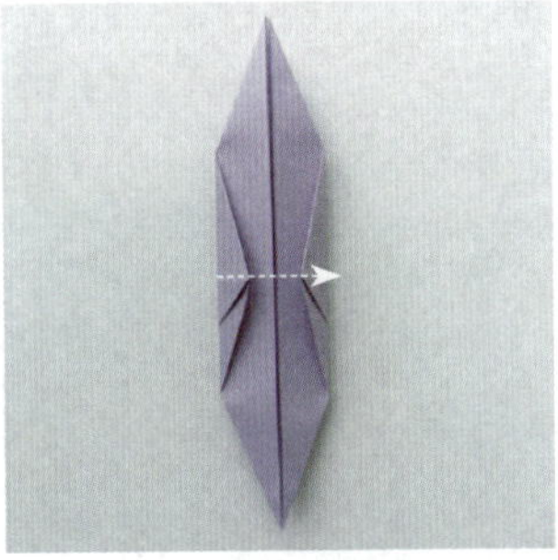

11. 把正反两面左边的角沿中轴线向右折叠

12. 将正反面下半部分往上折，白虚线所示为对折位

13. 把正反两面左边一页沿中轴线向右折叠

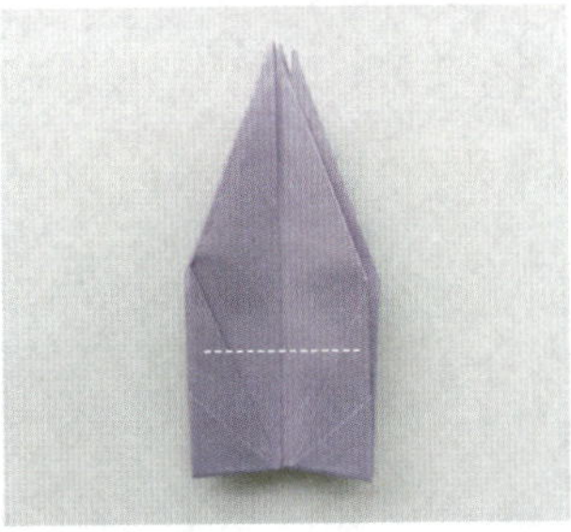

14. 正反面一页上半部分沿着白虚线位置对折形成翅膀

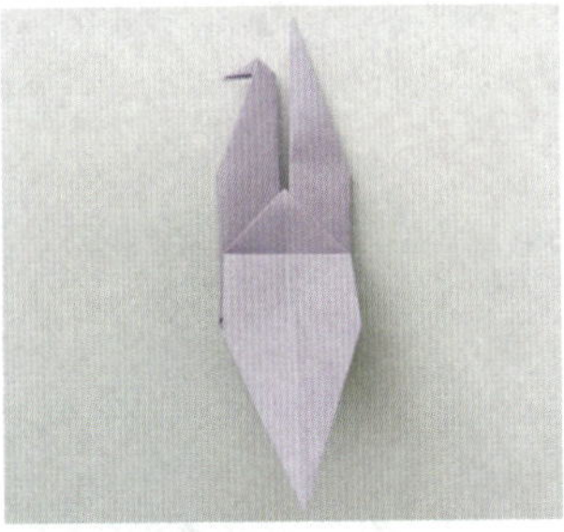

15. 将上方其中一个角捏折形成纸鹤的头部

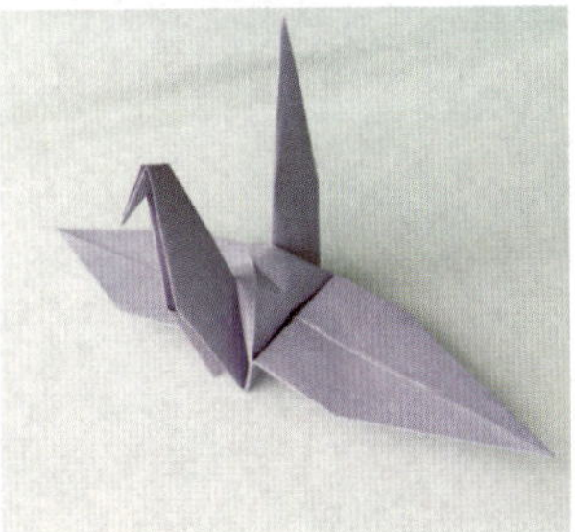

16. 将纸鹤的翅膀向两边拉，同时在底部吹一口气，使中间部位凸起来

图1-3-77 鹤的制作

（七）思考与讨论

怎样可以将纸鹤折得更牢固？

我们需要做到这三点：

（1）根据步骤把应有的折痕线折到位。

（2）需要对齐的折线必须对齐。

（3）实折线对齐后用力压紧。

PPT课件

第二章　红色文化

第一节　红色精神

一、红色精神简介

红色，代表着希望、和谐和美好！红色是鲜血的颜色，是生命力的象征；红色也是中国共产党党旗的颜色，是革命的象征、先进性的象征。

精神一词，在《辞海》中有五项释义：一是指人的意识、思维活动和一般心理状态；二是指神态、心神的集中与指向程度；三是指精力、活力；四是指神采、韵味和做人的基本立足点；五是指宗旨、内容的实质、主要的意义。红色精神一般取第一、三、四、五项释义。

红色精神是指中国共产党的红色精神（图2–1–1）。是指中国共产党领导中国人民在革命、建设、改革各个时期所形成的伟大革命精神。在中国共产党100年的历史中，形成了很多可歌可泣的“红色精神”。红色精神已经深深融入中华民族的血脉和灵魂，成为鼓舞和激励中国人民不断攻坚克难、不断前进的强大精神动力。

从马克思主义思想早期传播和救国救民道路的探寻开始，沧桑百年，中国共产党人孕育和形成历史经验、优良传统与作风，熔铸红色精神，形成了党领导革命和建设的红色精神体系，“是几代中国共产党人流血牺牲凝聚而成的宝贵精神财富”。在1919年，红色精神最早表现为“爱国、进步、民主、科学”的“五四精神”，其核心是爱国主义。在中国共产党100多年的长期奋斗中，形成了中国共产党人的精神谱系。

图2–1–1　红色精神

“红色精神”，具体包含哪些？包含建党精神、井冈山精神、苏区精神、长征精神、遵义会议精神、延安精神、抗战精神、红岩精神、西柏坡精神、东北抗联精神、照金精神、南泥湾精神、太行精神（吕梁精神）、大别山精神、沂蒙精神、老区精神、张思德精神、抗美援朝精神、“两弹一星”精神、雷锋精神、焦裕禄精神、大庆精神（铁人精神）、红旗渠精神、北大荒精神、塞罕坝精神、两路精神、老西藏精神（孔繁森精神）、西迁精神、王杰精神、改革开放精神、特区精神、抗洪精神、抗击非典精神、抗震救灾精神、载人航天精神、劳模精神（工匠精神、劳动精神）、青藏铁路精神、女排精神、脱贫攻坚精神、抗疫精神、“三牛精神”、科学家精神、企业家精神、探月精神、新时代北斗精神、丝路精神。（引自学习强国2021年9月29日“中国共产党人精神谱系第一批伟大精神正式发布”）

中国共产党为什么能？当我们深读中国共产党成立以来中国革命史这部恢弘巨著时，不难得出结论：中国共产党革命到底的精神内蕴着一系列优秀特质。这些精神，已经深深融入中华民族的血脉和灵魂，成为中华民族精神的丰富滋养，是鼓舞和激励中国人民不断攻坚克难、从胜利走向胜利的强大精神动力。

我们要传承红色精神，理解中国共产党红色精神的意义，如“军民团结、艰苦奋斗”的井冈山精神，“不怕艰难险恶”的长征精神，“改变作风、提高素质”的延安精神，“艰苦奋斗、勇于开拓”的北大荒精神，“谦虚谨慎、不骄不躁、艰苦奋斗”的西柏坡精神，“热爱祖国、自力更生、艰苦奋斗、大力协同、勇于登攀”的两弹一星精神。同时，大力弘扬红色精神，把红色精神潜移默化成一代又一代人的血液和灵魂。

二、《红船精神》拼贴画

（一）红船精神

1921年7月23日，中国共产党第一次全国代表大会在上海法租界召开，7月30日由于会场遭到包围搜查，被迫转移。1921年8月初，中国共产党第一次全国代表大会在浙江嘉兴南湖的一条游船上胜利闭幕，庄严宣告中国共产党诞生（图2-1-2）。

图2-1-2 浙江嘉兴南湖游船模型

参加会议的13位代表平均年龄28岁，他们代表了全国50多名党员。就是这样一群青年知识分子，就是这连共产国际代表马林也不看好的“小党”，依靠坚定的理想和信念，依靠着组织的凝聚和团结，依靠着广大工农群众和先进知识分子的支持，竟然有着卓越的组织力、顽强的战斗力和广泛的号召力。

“红船”，标志着中国共产党人的信念之坚定，创业之艰难，象征着中国共产党人精神之航帆足可劈波斩浪、无以阻碍、勇往直前。“红船”见证了中国历史上开天辟地的大事变，成为中国革命源头的象征。

（二）实践内容

1. 制作一张反映乘风破浪，不畏艰难险阻的体现“红船精神”的立体拼贴画（图2-1-3）

该立体拼贴画一共有4个前后层次，需要电脑或手绘分层制作。

图2-1-3 立体拼贴画效果图

2. 实操时间

60～80分钟。

3. 材料准备

（1）常用材料（图2-1-4）。

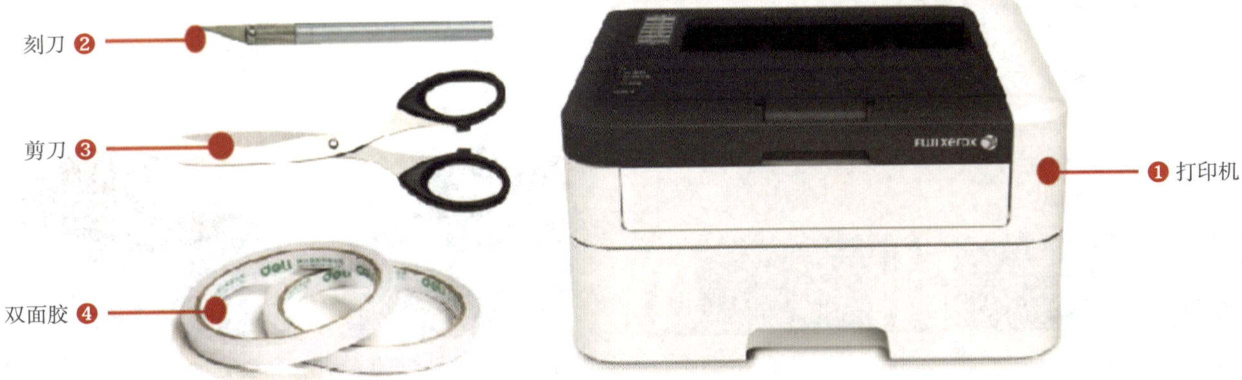

图2-1-4 材料分析

（2）可供打印参考的电子素材（图2-1-5～图2-1-9）。

图2-1-5 素材1

图2-1-6 素材2

图2–1–7　素材3

图2–1–8　素材4

图2–1–9　素材5

（三）实践目标

（1）认知目标：了解红船精神的含义并把红船精神元素运用到立体拼贴画的设计和组装中，从而了解立体拼贴画的设计步骤和设计思路。

（2）能力目标：能够制作红船精神立体拼贴画并根据其原理运用到其他主题设计中。

（3）情感目标：通过制作红船精神的立体拼贴画加强对红色文化的感悟和认同感，弘扬红色文化，增强民族自信。

（四）关键词

红船精神、立体拼贴

（五）实践步骤

《红船精神》立体拼贴画实践步骤（图2–1–10）

1. 绘制29cm × 18.5cm尺寸的背景图片

2. 在背景图片的对应位置绘制粘贴点，注意大小层次的递进

3. 根据第一层粘贴点绘制13.5cm × 9cm的蓝色方块，并把第一层波浪贴在上面，注意两边要留出约1cm的粘贴位

4. 根据第二层粘贴点绘制17cm × 8cm的蓝色方块，把第二层红船素材粘贴在上面，同样要留出1cm的粘贴位

5. 绘制20.5cm × 18.5cm的背景，添加红船精神素材，边角添加海鸥图案，注意破局设计，增加画面层次

6. 把设计好的素材打印出来，尽量挑选厚一点的铜版纸打印

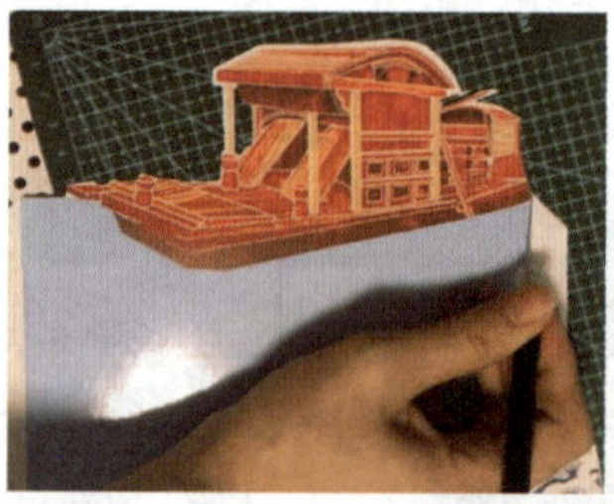

7. 把所有配件都用刻刀抠出来

8. 把第一层素材粘贴在底板上

图2–1–10 《红船精神》立体拼贴画实践步骤

9. 把第二层红船素材粘贴在底板上

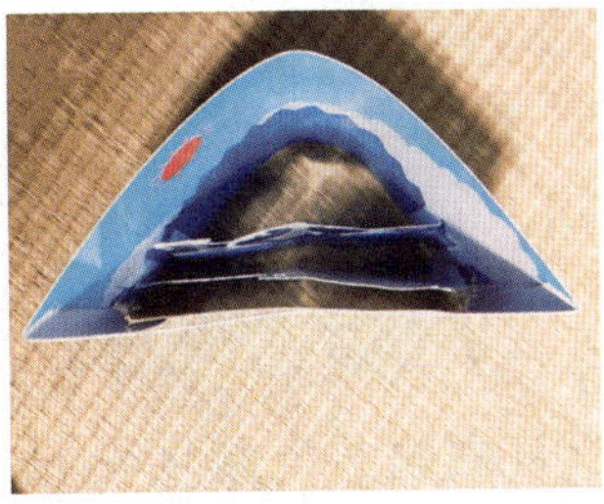

10. 最后加上顶层外框，大功告成

11. 拼贴画完成

图2-1-10 《红船精神》立体拼贴画实践步骤（续）

（六）思考与讨论

除底板外的三层素材能否再拉开一点空间，让前后空间感更强？

事实上这是可行的，但必须注意前后空间关系拉大，会造成越往里面的素材，其尺寸越要相应缩小，因此空间关系并不是拉得越大越好，而是要和素材大小保持一定的比例关系，在视觉上达到平衡。在设计草图时，在电脑上操作是比较理想的，可以随意放大缩小，而在没有电脑的课堂上手绘操作的话，需要提供明确的尺寸比例供学生参考，确保最后的视觉效果。

内容拓展
《井冈山精神》
滴胶

第二节　广东红

一、红色广东

100多年来，中国共产党的红色薪火代代相传，革命精神历久弥坚，红色基因深植于中国共产党员的血脉之中，成为中国共产党坚守初心，永葆本色的生命密码。革命烽火路，红星照南粤。广东是一片红色热土，不仅是近代民主革命的策源地，也是国内最早传播马克思主义、最早成立中国共产党组织的省份之一。广东见证了中国共产党从新生到大革命、土地革命，再到抗日战争、解放战争等革命斗争的过程。

毛泽东、周恩来等老一辈革命家和李大钊、蔡和森等革命先烈都在广东工作和战斗过，千千万万的广东优秀儿女在革命斗争中抛头颅、洒热血，留下光照千秋的革命历史和革命精神。

在广东，老区苏区遍布全省，大大小小的革命遗址分布各地，留下了宝贵而丰厚的红色文化历史遗产①。在新民主主义革命时期，广东革命老区、苏区广大人民群众在党组织的带领下，为中国革命做出了重要贡献，在广东乃至中国革命史上书写了光辉的一页。在革命斗争的岁月中，处于南粤老区、苏区的第一个党支部，犹如沉沉黑夜中熠熠闪烁的点点星火。

① 中共广东省委党史研究室.《中共广东历史百年大事记》（上卷）[M]. 广州：广东人民出版社. 2021.

广东红色革命遗址

广东有着光荣的革命传统和丰富的红色文化资源，全省共有4000余处红色遗址。

1．广州起义烈士陵园

广州起义烈士陵园（图2-2-1、图2-2-2）位于广东省广州市越秀区中山二路92号。该烈士陵园是中华人民共和国成立后为纪念在1927年12月11日中国共产党领导的广州起义牺牲的烈士，于1954年修建的纪念性公园。广州起义揭露了国民党当局的反动本质，提高了广大人民的革命觉悟，认识到只有中国共产党才是中国革命的真正领导者。

2．中共三大会议旧址

中共三大会议旧址（图2-2-3）与中共中央机关旧址——春园、中共三大历史陈列馆共同组成了中共三大会址纪念馆（图2-2-4）。该纪念馆位于广州市越秀区新河浦历史文化街区。

中共三大会议是迄今中国共产党唯一在广州召开的全国代表大会。其所代表的意义是确立了国共合作的方针，为统一广东、出师北伐、推动国民革命由广东向全国扩展奠定了基础。中共三大会议所确定的建立国共合作革命统一战线的策略，促进了第一次国共合作的实现，使共产党活动的政治舞台迅速扩大，加速了中国革命的步伐，为波澜壮阔的第一次大革命做了充分准备。

3．黄埔军校旧址纪念馆

黄埔军校旧址纪念馆位于广东省广州市黄埔区长洲岛，黄埔军校是第一次国共合作的产物，为

图2-2-1　广州起义烈士陵园门口

图2-2-2　广州起义烈士陵园

图2-2-3　中共三大会议旧址

图2-2-4　中共三大会址纪念馆

中国革命培养了大批军事政治人才，在中国近代史和军事史上具有重要意义（图2–2–5）。

4．叶挺故居、叶挺纪念馆

叶挺故居、叶挺纪念馆坐落在广东惠阳秋长镇，是惠州市爱国主义和党史教育基地，全面展现叶挺将军一生的重要时期和卓越贡献。

5．叶剑英元帅纪念馆

位于广东省梅州市梅县区雁洋镇虎形村的叶剑英元帅纪念馆（图2–2–6）。着重表现叶剑英在几个革命危难时刻的伟大贡献，向世人充分展现叶剑英伟大光辉的一生。叶剑英同志一生热爱祖国、热爱人民，始终追求真理。他所做的“矢志共产宏图业，为花欣作落泥红”的诗句，是他不懈奋斗、光辉一生的真实写照。在党和国家重大和紧要的历史关头，他总是挺身而出，发挥重要作用。毛泽东同志高度评价他“诸葛一生唯谨慎，吕端大事不糊涂”。

6．广州农民运动讲习所旧址

广州农民运动讲习所旧址（图2–2–7）原是番禺学宫，始建于明洪武三年，清代重建。农民运动讲习所由中国共产党人彭湃等倡议，经中国国民党中央执行委员会决议通过开办。自1924年7月至1926年9月共举办6届。毛泽东担任第六届农讲所所长，培养了大批农民运动干部和革命人才。

7．第一次全国劳动大会旧址

第一次全国劳动大会旧址（图2–2–8）位于广东省广州市海珠区滨江西路230号。1922年5月1日至6日，中国共产党在广州市内的广东机器总礼堂召开了第一次全国劳动大会。大会的召开开创了

图2–2–5 黄埔军校

图2–2–6 叶剑英元帅纪念馆

图2–2–7 广州农民运动讲习所旧址

图2–2–8 第一次全国劳动大会旧址

全国工人联合起来的新纪元，确认了中国共产党在工人运动中的领导地位。

8．广州起义纪念馆

广州起义纪念馆（图2-2-9）位于广州市起义路200号，即广州公社旧址，是为纪念在广州起义中牺牲的新军而兴建的。为中国共产党张太雷领导发动的广州起义而建立的苏维埃政府——广州公社所在地。1961年被国务院选为全国重点文物保护单位。

9．海丰红宫红场旧址纪念馆

海丰红宫红场旧址纪念馆（图2-2-10）位于汕尾市海丰县中心城区，是海陆丰革命根据地的一处重要的红色革命旧址，是全国第一个苏维埃政权诞生地。

红宫红场旧址原为建于明代的海丰学宫，坐北朝南，现保存有棂星门、泮池、大成门、大成殿和东西庑等建筑。这里原本是一座“孔庙”，1927年10月，海丰人民在中国共产党的领导下，武装夺取了政权，同年11月18日至21日在这里召开了海丰工农兵代表大会，会上宣布了海丰苏维埃政府成立，成为中国第一个工农红色政权，孔庙从此改称“红宫”。而毗邻红宫的“红场”原名“东仓埔”，1927年12月1日，海丰人民在这里举行了庆祝县苏维埃政府成立大会，无产阶级革命家彭湃在会场大门上亲笔题写“红场”两字，红场从此得名。

2010年8月，红宫红场旧址被广东省委宣传部、广东省发改委、广东省旅游局评为“广东省红色旅游示范基地”。2016年12月，红宫红场旧址入选《全国红色旅游景点景区名录》。

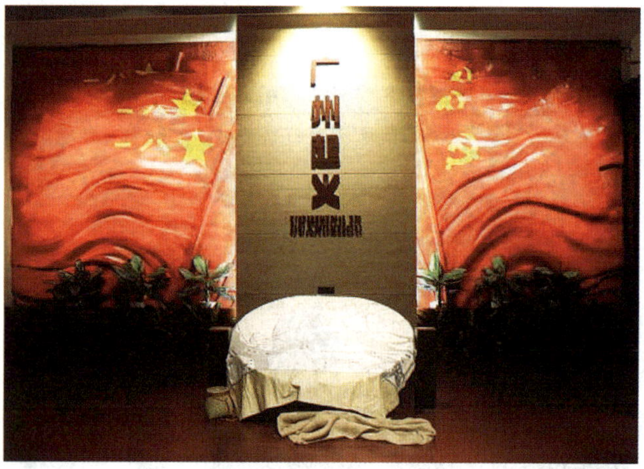

图2-2-9　广州起义纪念馆

图2-2-10　海丰红宫红场旧址纪念馆

二、《艰苦岁月》拼贴画

（一）团一大的召开

中国共产主义青年团是中国共产党领导的先进青年的群团组织，是广大青年在实践中学习中国特色社会主义和共产主义的学校，是中国共产党的助手和后备军。

1925年1月决定将“中国社会主义青年团”改称“中国共产主义青年团”。它的创建可以追溯到1919年的五四运动。五四运动是中国新民主主义革命和中国青年运动的开端，马列主义在社会和青年中的传播，为建团做好了思想准备；运动中锻炼出一批革命青年，为建团做好了队伍准备；各地共产主义小组的建立和中国共产党的诞生与发展，为建团做好了组织的准备。当时广州是大革命的策源地和中心，第一次国共合作正如火如荼地开展，因此，中国社会主义青年团第一次全国代表大会的召开地点被选在了广州。1922年5月5日，中国社会主义青年团第一次全国代表大会在广州秀南路东园召开（图2-2-11）。此次会议简称“团一大”。

图2-2-11　“团一大”召开旧址

“团一大”开幕式与纪念马克思诞辰104周年大会和全国劳动大会同时进行。出席会议开幕式的代表和来宾总数达1500多人。中共领导人陈独秀、青年共产国际代表达林在开幕式上发表了演说。会议完成了青年团的创建工作，通过了团的《纲领》《章程》等。会议选举高君宇①、施存统②、张太雷③、蔡和森④、俞秀松⑤5人为团中央执行委员会委员（图2-2-12～图2-2-16）。方国昌（施存统的化名）被团中央执行委员会推荐为书记。

这次大会的召开，标志着中国青年团组织的正式成立，是中国共青团历史上的大事件，标志着我国青年运动发展到一个新的阶段，共青团开始成为中国青年和青年运动的核心力量。同时，中国社会主义青年团的建立，是马克思主义与中国青年运动相结合的结果与典范，开创了中国青年运动的新纪元。“团一大”的召开，确定了党对共青团的领导地位，为共青团的发展壮大提供了路线保证以及广阔的发展空间。

图2-2-12　高君宇

图2-2-13　施存统（方国昌）

图2-2-14　张太雷

图2-2-15　蔡和森

图2-2-16　俞秀松

---

① 高君宇（1896—1925年），原名高尚德，字锡三，号君宇，山西静乐峰岭底村（今属太原市娄烦县）人。五四运动时为北京大学学生会负责人。1920年与邓中夏共同组织马克思学说研究会。1921年加入中国共产党。1922年当选为中国社会主义青年团一届中央执行委员。

② 施存统（1899—1970年），浙江金华人，金东区源东乡叶村人。原名施存统，别名复亮、伏量、伏图，化名方国昌。社会活动家、经济学家。1917年考入浙江省立第一师范学校，五四运动爆发后发起成立新生学社，参与创办《浙江新潮》，在第2期上发表反封建家庭制度的《非孝》一文，影响巨大。1920年加入上海共产主义小组，参与成立马克思主义研究会，成为中国共产党最早的党员之一。1922年当选为青年团中央书记（第一任）。

③ 张太雷（1898—1927年），原名曾让，字泰来，学名复，自号长铁，参加革命后初名春木、椿年，后改太雷，男，汉族，中国共产党的优秀党员，杰出的无产阶级革命家，著名的政治活动家、宣传家，中国共产党早期的重要领导人之一，是中国共产主义青年团的创始人之一和青年运动的卓越领导人，是广州起义的主要领导人。他是第一个被派往共产国际工作的中国共产党的使者，也是中国社会主义青年团最早派往青年共产国际的使者之一，是党内著名的政治活动家、宣传家。1927年12月12日，他在广州起义战斗中被敌人枪击，中弹身亡，年仅29岁。张太雷为探索中国革命道路献出了年轻的生命，成为中共历史上第一个牺牲在战斗第一线的中央委员和政治局成员。

④ 蔡和森（1895—1931年），字润寰，号泽膺，原籍湖南省湘乡县永丰镇（今属双峰县）。中国共产党早期的重要领导人，杰出的共产主义战士，无产阶级革命家、理论家和宣传家。

⑤ 俞秀松（1899—1939年），又名寿松，字柏青，化名王寿成，浙江诸暨次坞镇溪埭村人。中共上海发起组的成员，中共最早的党员之一，是党内历史上最早与王明交锋的斗士，曾任中国社会主义青年团第一任书记、讨伐军阀陈炯明东路军总司令部参谋处一等书记、旅莫斯科支部支委、新疆反帝联合会秘书长、新疆学院院长等职。

“团一大”召开不久，大革命的高潮来临，青年团组织在开展反帝反封建的群众运动中，在打倒封建军阀的军事斗争中，在思想战线捍卫马列主义、维护革命阵营团结方面，发挥了重要先锋和堡垒作用。

（二）共青团组织象征和标志

1．团旗

中国共产主义青年团团旗旗面为红色，象征革命胜利；左上角缀黄色五角星，周围环绕黄色圆圈，象征中国青年一代紧密团结在中国共产党周围（图2-2-17）。

图2-2-17　中国共产主义青年团团旗

图2-2-18　中国共产主义青年团团徽

2．团徽

中国共产主义青年团团徽的内容为团旗、齿轮、麦穗、初升的太阳及其光芒，写有“中国共青团”五字的绶带。它象征着中国共产主义青年团在中国共产党的领导和亲切教导下，紧密团结全国青年、高举社会主义和共产主义旗帜，朝着党所指引的方向奋勇前进；它象征着中国青年一代继承中国人民的革命传统，发扬艰苦奋斗精神，永远忠于祖国、忠于人民、朝气蓬勃、奋发向上（图2-2-18）。

3．团歌

中国共产主义青年团团歌为《光荣啊，中国共青团》。

图2-2-19　立体拼贴画

（三）实践内容

1．制作一张反映在艰苦岁月中青年团员积极上进的精神面貌的立体拼贴画（图2-2-19）

立体拼贴画主要分为前景、中景和后景三个部分，实践内容为2课时。

2．实操时间

80分钟。

3．材料准备

（1）常规工具（图2-2-20）。

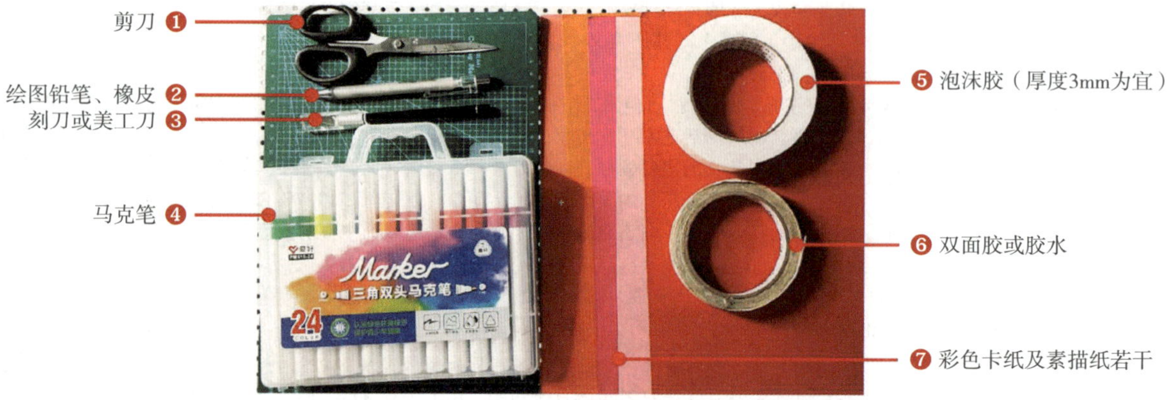

图2-2-20　材料分析图

（2）可供打印参考的电子素材（图2-2-21 ~ 图2-2-23）。

图2-2-21 素材1

图2-2-22 素材2

图2-2-23 素材3

（四）实践目标

（1）认知目标：了解共青团的历史和标志，并把共青团元素运用到立体拼贴画的设计和组装中，从而了解立体拼贴画的设计步骤和设计思路。

（2）情感目标：通过制作共青团文化的立体拼贴加强对红色文化的感悟和认同感，弘扬红色文化增强民族信念感。

（3）能力目标：能够制作共青团文化立体拼贴画并根据其原理运用到其他主题设计中。

（五）实践步骤

以下为立体拼贴画的实践步骤，制作过程中要细心、认真（图2-2-24）。

1. 准备设计素材，绘制线稿（这个步骤也可以通过打印或者在杂志、图书上寻找现成的素材）

2. 绘制颜色（若打印素材，此步骤略）

3. 用刻刀和剪刀把素材抠出来

4. 注意抠出来的素材尽量保持0.5 ~ 0.8cm的白边

5. 在白色卡纸上绘制波浪形边框并镂空，注意下部留一点空间，保持卡片厚度

6. 把素材贴在相应位置并适当加纸板增加厚度，使用泡沫胶粘贴可以让层次感更好

图2-2-24 立体拼贴画实践步骤

7. 把红色卡纸覆盖在刚才制作好的前景上绘制轮廓

8. 镂空效果，中景制作完毕

9. 裁剪大小合适的红色卡纸，绘制团徽

10. 粘贴在粉红色卡纸合适的位置上，后景就制作完毕了

11. 把前景、中景、后景组合起来，注意泡沫胶的厚度越厚立体投影效果越好，如果厚度不够还可以增加泡沫胶的层数

12. 剪下团徽素材

13. 粘贴在花束中央，立体拼贴画制作完毕

图2-2-24 立体拼贴画实践步骤（续）

（六）思考与讨论

（1）如何增加立体拼贴画的层次感？

粘贴素材时，可以使用不同厚度的泡沫胶或结合纸张的折叠来增加层次感，要分析素材的前后空间关系，比如前景的人物、桃枝、团徽都可以通过不同的泡沫胶厚度表现层次，中景处只有一层红色的卡纸，也可以考虑在中景层次增加一些设计素材，比如掉落的桃子、叶片等，让画面更加丰富。

（2）如何解决立体画容易塌的问题？

纸张要有一定的厚度才能撑得起来，不然容易塌下来，要解决这个问题，第一可以考虑增加纸张厚度，比如在下面垫更多的纸板，但这样雕刻纸张工作量会变大；第二是泡沫胶粘贴的时候面积大一点，特别是边缘地方要多设置一些粘贴点，把整个画面主要表现立体的边缘都撑起来。

内容拓展
《经典重现》
滴胶

第三节　中山抗日

一、中山抗日简述

在中华民族最危急的时刻，在这场艰苦卓绝的抗日战争中，中山人民并没有束手待毙，他们奋勇杀敌，不顾生死，为保卫家乡抛头颅、洒热血，做出巨大的牺牲（图2–3–1、图2–3–2）。

1938年2月16日，日军侵占三灶岛，妄图把三灶岛作为侵略华南的桥头堡。后在三灶岛实行焦土政策，短短五天内竟杀害岛内居民近3000人。日军的罪恶行径激起了中山群众的无比愤慨。1938年5月4日，中山7000余名学生举行纪念“五四”化装大巡行。石岐城区群众的抗日情绪高涨。当天傍晚5时30分，日军飞机在中山县城的第一次空袭，造成60多人死伤。

正面抵抗日军侵略的同时，中山县内群众性的救亡运动一浪高于一浪。中山话剧协会、石岐小学教师战时服务团、县立中学“中中别动队”，各区、乡的抗敌后援会、战时服务队、大刀队、自卫队、救护队等群众组织如雨后春笋般遍及城乡。这些抗日救亡团体活跃在中山各地，以集会游行、宣传演讲、筹款募捐、演街头剧、出壁报等形式宣传抗日救国，支援前方将士守土杀敌。

七七事变第二天，二区中共党员缪雨天①、杨子江②在永厚、申明亭组织青年学生杨少希、缪菁等组成“七八剧社”。社员走上街头表演抗日话剧、歌剧，宣传活动遍及溪角、象角、龙聚环、横栏等村庄。随后，杨子江、黄石生、缪雨天等以“七八剧社”为基础，成立二区青年抗日救亡工作队（以下简称“区青”），队长杨希吾，副队长杨子江。又派队员缪洛莎到申明亭乡校，发动教师、高年级学生，组织申明亭乡抗日救亡工作团。在区青的统一领导下，二区组成救护队、宣传队、壮丁队。

图2–3–1 位于石岐区拱辰路48号的中共中山县石岐小学教师支部活动旧址

在石岐，中共中山县委（1937年8月重建）创办机关刊物《别动队》（半月刊），在发刊词中，开宗明义地阐明“国家兴亡，匹夫有责，国难当头，坚决抗战”的宗旨。县委书记孙康组织以青年教师为主的中山话剧协社，演出《卢沟桥》《回春之曲》等抗战话剧，还亲自撰写抗战文章，在一区和四区的乡报中发表，号召“一百万中山同胞起来，为保卫乡土、保卫国家民族而斗争”。

图2–3–2 中山四区妇女抗日救亡工作团成员

县立中学的阮洪川、杨栢昌、孙正川、郭静之等团结了一批有演剧兴趣的同学，在石岐及近郊开展抗日宣传演出。1938年3月初，县立中学“中中别动队”加入广东青年抗日先锋队。中共石岐小学教师支部的共产党员，如县中附小的孙继普，县立一小的张鹏光、叶向荣（蔚文），县立三小学的郑振、何玉伦等，团结石岐的一批小学教师成立“小学教师战时服务团”，由张鹏光任团长，对学生开展“反对日军侵略，

① 缪雨天，中山市沙溪镇人。

② 杨子江：曾用名杨焕棠、杨里华，沙溪申明亭村人。青年时摘得全省高中会考中山县桂冠。1938年春加入中国共产党。曾任中共中山二区支部书记，一、二区工委书记，杨子江中队中队长，二区中队指导员，中山人民抗日义勇大队政训室主任，珠江纵队第一支队政治处主任，中共新兴县委书记，新（兴）恩（平）开（平）中心县委书记，广阳地委委员，粤中纵队七团政委，新恩开总队政委，第二支队（广阳）副司令员等职。中华人民共和国成立后，历任中共阳江县委首任书记、粤西区委宣传部副部长、湛江地委书记、广州美术学院党委书记。1979年任广东省教育厅厅长。1985年年底离休，仍任广东教育学会会长，政协广东省委员会第五、第六届常委，广东省老区建设促进会副理事长等。

誓死保卫中华”的教育，并以话剧、活报剧、演讲等街头宣传形式向广大群众进行抗日宣传。

在四区，南朗女青年程志坚[①]、方群英发出“宁愿断头颅，不当亡国奴”的呼号，组成“妇女抗日救亡工作团”（图2-3-3）。崖口乡的中共党员谭桂明[②]等组成“崖口乡抗日救亡工作团”，积极宣传抗日，募款支援前方。

图2-3-3　中山县“妇女抗日救亡工作团”为前线抗日战士赶制棉衣

在八区，邝任生[③]、邝叔明[④]等中共党员组织“民众抗敌御侮后援会”，发动师生开展以抗日救亡为主题的军事野营活动，还在小濠涌、南山等组织抗日大刀队。邝叔明、邝振大[⑤]带领“抗日救亡演讲训练班”学员在八区向广大群众演出《东北人民的惨状》《中国人民一定能胜利》《血洒卢沟桥》等抗战话剧，推动了抗日救亡运动的发展。

在五区，平岚、乌石、桥头等乡的学校联合成立青年抗敌同志会，于1937年中秋节发动域内饼店举行义卖，募捐筹款支援前线。1938年春，中共五区区委发起组织谷镇区文化界救亡工作团，编演抗日救亡戏剧，到山区及沿海地区宣传抗日；组织成立大刀队、晨呼队等，开展军事训练、战地救护训练（图2-3-4）。

图2-3-4　中山县抗日青年在训练持枪冲锋（《大公晚报》香港版1939年6月20日，中山市博物馆藏）

驻防中山的第四路军独立第九旅官兵在抗日洪流的推动下，在岐关路东西两线、沿海重点地段和石岐城关要隘的各防区附近的高地、土坡上挖了许多堑壕、交通壕、射击掩体、防空体，准备在中山土地上与日本侵略者决一死战。第九旅的爆破技术员王若天（中共党员）等还举办爆破技术训练班，培训中山守军团队、抗日团体有

① 程志坚（1917—1946年），女，广东香山（今中山）人。1937年加入中国共产党，曾任中山战时妇女协会执行委员、宣传部部长。

② 谭桂明（1916—1981年），原名福鑫，又名贵盟，广东省中山市南蓢崖口村人。毕业于中山县立乡村师范学校。1934—1935年曾在该校（当时改名为简易师范学校）附属小学教书。1937年10月加入中国共产党，历任中共中山县四区崖口乡支部书记，四区区委委员、书记，中山抗日游击大队、中山人民抗日义勇大队、逸仙大队队长和政治委员，挺进粤中主力大队政治委员，广东人民抗日解放军第一、第三团政治委员、政治部秘书长，中共新(会)鹤(山)县委书记，在中山等地领导和坚持敌后抗日游击战争。

③ 邝任生（1911—1942年），字修一，原名觉民，曾用名陈福。斗门镇人（今珠海斗门区斗门镇）。抗战前夕，邝任生加入中国共产党。抗战爆发后，中共小濠冲支部成立，邝任生任小濠冲支部书记。中共中山县委成立后年任青年部长兼八区民众抗敌御侮后援会副主任。同年秋，兼任中共中山县八区区委书记，建立八区民众最早的抗日武装——抗日民众自卫团第二十八大队。后分别担任县委宣传部长、中共澳门工委书记、中共香港工委宣传部长、中共顺德工委书记、珠江三角洲中山县委宣传部长，1941年3月25日，在日寇扫荡时不幸牺牲。

④ 邝叔明（1913—1945年），乳名邝振发，曾用名陈广、邝明。斗门镇人（今珠海市斗门区斗门镇）。民国19年（1930年）在广州念中学。在邝任生影响下，参加革命活动。后担任中共中山县八区区委组织委员、书记，中山县抗日民众自卫团第二十八大队副大队长。在斗门地区建立抗日游击武装，开展游击战争。1943年调任晋南人民救亡义勇大队政委。1945年调任珠江纵队第二支队政委。同年，珠江纵队第二支队主力挺进九江。邝叔明等率部百余人留守番禺坚持斗争。邝叔明却不幸牺牲，时年仅32岁。

⑤ 邝振大，珠海市斗门区斗门镇小濠涌村人。1936年8月加入中国共产党，从事抗日救亡活动。曾任广东抗日先锋队中山八区小濠涌队队长，小濠涌党支部书记，中共中山八区委员会宣传组织委员等。1943年因积劳成疾医治无效逝世。

关人员学习地雷、水雷等爆破技术[①]。

不少在广州读书的中山籍大中学生也纷纷回乡开展抗日宣传。如在广雅中学、广东省立第一女子中学等校就读的欧初、周增源、冯彬、余珍、余慧等组成战社，利用寒假回石岐、沙溪的时机，演唱救亡歌曲，演出抗日话剧，向群众宣传抗日。谭则敏、古寿珠、郭旷良等回小榄下基小学办战时夜校，招收失学青少年进行战时教育，并联络青年教师和战地服务回来的社会知识青年50多人组成中山三区青年抗日救国会[②]。

每一段英勇事迹都不应被忘却，总有一个时间节点能够唤醒久远的记忆！让人们在历史的坐标里仰望崇高、砥砺精神！

二、《忆苦思甜》剪纸

（一）中山红色资源

1. 孙中山故里旅游区

中山市最著名的红色旅游景点是坐落于广东省中山市翠亨村的孙中山故里旅游区，包含孙中山故居纪念馆（图2-3-5）、翠亨村、中山城、辛亥革命纪念公园和犁头尖山五大景区，全方位呈现了孙中山从出生、成长到进行革命活动的相关历史遗迹。

孙中山[③]（图2-3-6），1866年11月12日生于广东省广州府香山县（今中山市）翠亨村。孙中山原在香港学医，并成为西医医师。鸦片战争后，孙中山目睹中华民族被西方列强侵略，决定抛弃“医人生涯”，进行“医国事业”。孙中山早期受郑观应的改良思想影响，后看清了清政府的腐败，决心推翻清王朝，建立民主共和国。

1894年11月24日，孙中山在檀香山创立兴中会。1905年（光绪三十一年）成立中国同盟会。1911年10月10日（宣统三年）新军中的革命党人暗中联络，决定当天晚上起义。辛亥革命后被推举为中华民国临时大总统（任期1912年1月1日—1912年4月1日）。1925年3月12日，孙中山因癌症在北京逝世。1940年，国民政府通令全国，尊称其为“中华民国国父”。

图2-3-5　孙中山故居

图2-3-6　孙中山

① 中山抗日事迹资料引自：政协中山市委员会办公室编辑的文章，材料来源：中山党史，图文:《挺起钢铁的脊梁——大革命及抗战时期中山红色故事》。

② 中山党史，图文:《挺起钢铁的脊梁——大革命及抗战时期中山红色故事》，本文由政协中山市委员会办公室编辑。

③ 孙中山（1866年11月12日—1925年3月12日），名文，字载之，号日新，又号逸仙，又名帝象，化名中山樵，伟大的民族英雄、伟大的爱国主义者、中国民主革命的伟大先驱，中华民国和中国国民党的缔造者，三民主义的倡导者，创立了《五权宪法》。他首举彻底反帝反封建的旗帜，“起共和而终两千年封建帝制”。

2．杨殷故居

杨殷故居（图2-3-7）位于南朗镇翠亨村，也称“翰香堂”，建于清代咸丰年间，是中共早期革命领导人、著名工运领袖杨殷烈士的故居。

杨殷（图2-3-8），广东香山县人（今中山市南朗镇翠亨村人），1922年加入中国共产党，是中国共产党早期领导人之一，中国工人运动的先驱，是省港大罢工的重要领导者之一和1927年广州起义的组织发动者之一，也是中共早期情报和保卫工作领导人之一。张太雷阵亡后，其担任广州苏维埃政府代理主席。1928年，当选为中国共产党第六届中央委员会委员。1929年，因白鑫出卖，杨殷与彭湃等人一同被捕。同年8月30日，被下令枪决。2009年9月14日，他名列100位为新中国成立做出突出贡献的英雄模范名录。

图2-3-7 杨殷故居

图2-3-8 杨殷

杨殷烈士的一生无私奉献给了党和人民，是为实现共产主义理想光辉战斗的一生，为中华民族的独立和中国人民的解放建立了卓越功勋，做出了重要贡献。杨殷故居为广东省重点文物保护单位，也是中山市旅游景点。

3．中山革命烈士陵园

位于广东省中山市南朗镇翠亨村的中山革命烈士陵园（图2-3-9），是纪念在大革命、抗日战争、解放战争和社会主义建设时期牺牲的革命烈士的纪念建筑物，主要由革命烈士纪念碑、陵墓和革命史迹陈列馆组成，记载了中山人民为了国家独立和民族解放，在中国共产党的领导下，不畏强敌，前仆后继，展开斗争，用鲜血和生命谱写出可歌可泣的战斗篇章。

图2-3-9 中山革命烈士陵园

4．珠江纵队司令部旧址

珠江纵队司令部旧址（图2-3-10），原为槟榔山村古氏宗祠，是乡绅古腾芳兄弟于清道光年间为纪念开村先祖古琪胜而捐资兴建，2004年定为中共中山市党史教育基地。槟榔山村古氏宗祠曾作为南番中顺游击区指挥部旧址，成立珠江纵队，统一领导和指挥珠江三角洲的抗日游击战争。中华人民共和国成立后，政府多次对中区纵队成立旧址进行修缮，并在室内陈列中山县革命斗争历史资料，被列为中山市革命文物重点保护单位、中山市爱国主义教育基地，每年均有党员、团员及各界人士到此瞻仰，缅怀革命先辈的丰功伟绩。

图2-3-10 珠江纵队司令部旧址

（二）实践内容

1. 剪出一幅孙中山故居建筑作品《忆苦思甜》（图2-3-11）

主要使用的技法：对称剪纸、套色剪纸

图2-3-11 效果图

2. 实操时间

120分钟。

3. 材料准备（图2-3-12）

图2-3-12 材料分析

（三）实践目标

（1）知识目标：了解以中山红色文化为题材的剪纸艺术创作表现形式。

（2）能力目标：通过本课教学，使学生初步了解建筑剪纸的特点及有关知识，并学习建筑剪纸阴刻和阳刻的方法和步骤，提高学生对剪纸作品的欣赏能力和表现能力。

（3）情感目标：通过了解中山革命历史、抗战故事、英雄人物事迹等，培养学生爱国爱乡的情怀，振奋民族精神。

（四）关键词

建筑剪纸、阴刻、阳刻

（五）实践步骤

《忆苦思甜》剪纸：孙中山故居（图2-3-13）

1. 孙中山故居剪纸线稿

2. 区分阴刻（阴影部分）和阳刻部分（留白部分）

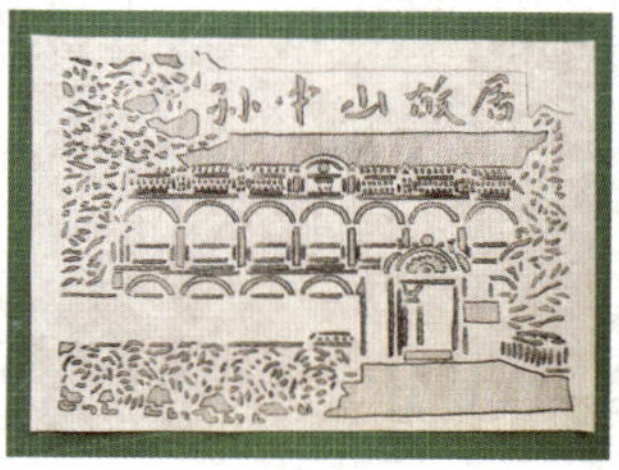

3. 标出所有阴刻部分

4. 线稿和A3红色宣纸叠整齐，用小夹子固定线稿和宣纸的四周，再从建筑的中心最小阴影部分剪纸开始

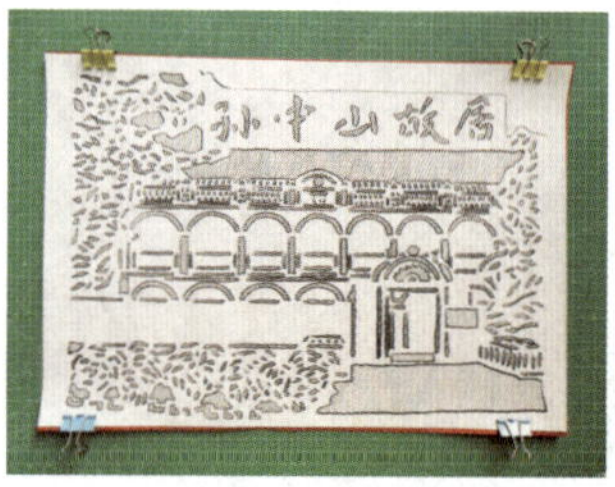

5. 镂空护栏缝隙在剪纸画面构图中“点、线、面”的分布，起到“点”的装饰作用

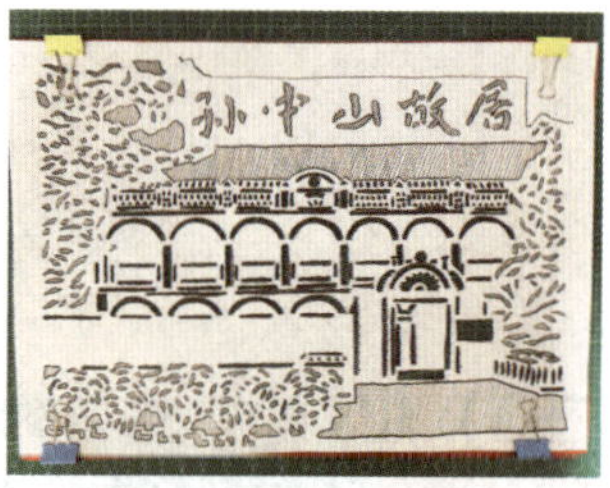

6. 镂空连廊拱形造型，剪去连廊的拱形造型，起到“线”的装饰作用

7. 剪去树叶和花坛阴刻部分

8. 剪去屋顶和道路阴刻部分

9. 剪去屋顶和道路阴刻部分，文字部分阴刻，不用全部相连，沿外轮廓将剪纸图案整个剪出来

10. 用白色底纸托底，作品完成

图2-3-13 《忆苦思甜》剪纸实践步骤

（六）思考与讨论

（1）如何区分阳刻和阴刻？

剪纸中的构图布局主要有：阳刻、阴刻、阴阳刻。阳刻，以线为主，把造型的线留住，其他部分剪去，并且线线相连，还要把形留住，形以外的剪去，称为正形。阴刻，则以块为主，把图形的线剪去，线线相断，并且把形剪空，称为负形。此外还有阴阳刻，是阳刻与阴刻的结合。

（2）为什么有些剪纸作品的表现与真实图片有差距？

民间剪纸来源于生活，剪纸的创作者把他们对生活、对自然的认识、感悟，以剪纸这种特殊的艺术形式表现出来，是他们内心情感的一种表达，因此，这种艺术表达重在表现神似，而不是表现形似。同时，受剪纸工艺的限制不宜采取完全写实的手法，只能采用突出表现对象轮廓特征的手法，运用变形、夸张，以突出表现对象的特征。因此夸张和变形成为剪纸中最常用的表达语言之一。夸张、变形是人类创造性劳动的成果和智慧的结晶，无论是仰韶文化的彩陶纹饰，殷商青铜器的图形纹样，还是秦汉的石刻艺术，都是以艺术夸张之美来显示其永恒的艺术魅力的。

内容拓展
《英雄辈出》
滴胶

第三章 非遗技艺

PPT课件

第一节　粤绣

一、粤绣简介

（一）粤绣技艺

“以布为纸、以线当墨、以针做笔”的刺绣，古代称为针绣，是中国民间传统手工艺之一，在中国至少有两三千年历史。因刺绣多为妇女所作，故名：女红。据《尚书》记载，早在四千多年前的章服制度就规定“衣画而裳绣”。中国四大名绣主要是苏绣、湘绣、蜀绣和粤绣四大门类。

粤绣，主要指以广东省潮州市和广州市为生产中心的手工丝线刺绣的总称，包括潮绣[①]和广绣[②]两大分支。粤绣是广东地区的代表性刺绣，起源于女性闺阁之技，其历史最早可以追溯到唐代。

潮绣特别之处在于垫高绣。在绣布上铺贴棉絮，按照纹样要求绣上金丝绒线，使绣物有立体感。潮绣以构图布局满、图案繁茂、场面热烈、用色富丽、对比强烈、大红大绿而著称，按刺绣工艺分为绒绣、线绣、金银线绣、金绒混合绣四大类，具体分为绣、垫、贴、拼、缀五类二百余种针法（图3-1-1、图3-1-2）。潮绣多以戏服为主。

广绣（图3-1-3）创始于少数民族——黎族，古时绣工大多是潮州、广州男子，在绣制大件时，绣工常手拿长针站着施绣，为世所罕见。其发源于广州及其古属地南海、番禺、顺德等地的民间刺绣

---

① 潮绣发源并流行于今潮汕地区。

② 广绣是指广州、佛山、南海、番禺、顺德、东莞、宝安、香山、台山等地的刺绣，也就是以广州为中心的珠江三角洲民间刺绣工艺的总称。

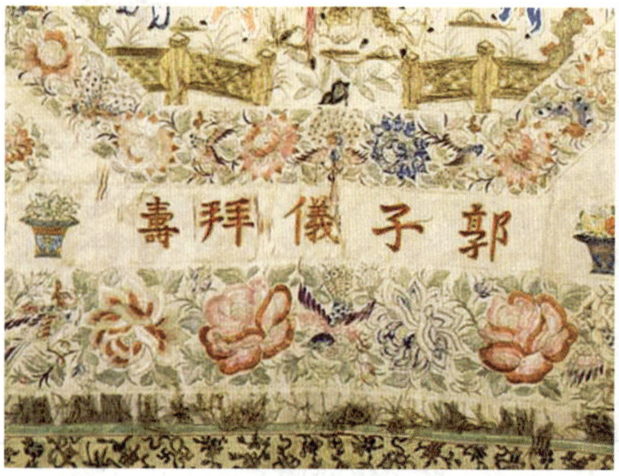

图3-1-1　潮绣作品《郭子仪拜寿》[①]

图3-1-2　潮绣作品《狮子头》

图3-1-3　广绣大师陈少芳的国宝级作品《凤冠》

工艺。广绣以构图饱满、形象传神、纹理清晰、色泽富丽、针法多样、善于变化的艺术特色而盛名宇内[②]。包括刺绣字画、刺绣戏服、珠绣等。

（二）珠绣

在先秦文献中有用朱砂涂染丝线，在素白的衣服上刺绣朱红的花纹的记载及所谓“素衣朱绣”“衮衣绣裳”“黻衣绣裳”之说。“素衣朱绣”说的就是“珠绣”，珠绣是粤绣技艺中的其中一种。

珠绣，又称“穿珠绣”“缉珠绣”，作为传统刺绣中的辅助装饰性针法，其技艺形式可追溯至粤绣中潮绣的钉珠绣和苏绣变体绣中的穿珠绣。

珠绣实际是用针穿引珍珠、玻璃珠、宝石珠，在纺织品上组成图案的刺绣。珠绣浮于面料上的绣缀品，靠珠子、亮片的闪光色彩而具有较强的表现力，绣线起到绣缀的作用。其具有珠光灿烂、绚丽多彩、层次清晰、立体感强的艺术特色。珠绣起源于唐朝，鼎盛于明清时期。

珠绣工艺擅长利用平面与立体差异并使之结合，产生层次丰富的立体视觉效果，同时，珠绣相对比其他刺绣在工时上耗时更短，珠绣是半针绣，刺绣中多为全针绣，珠绣的珠子直径通常在3毫米，非常容易拿，无形当中就节约了刺绣的时间。珠绣工艺分为平面珠绣、立体珠绣、半立体珠绣三种（图3-1-4～图3-1-6）。

图3-1-4　珠绣天鹅

图3-1-5　珠绣昆虫

（a）　（b）

图3-1-6　珠绣花卉

① 潮绣作品《郭子仪拜寿》《狮子头》等，1910年，其在南京举行的全国工艺赛会上得奖。刺绣作品还于1915年参加巴拿马国际博览会，1923年、1925年伦敦赛会上，均获得国际上较高评价。

② 盛名宇内，出自《汉书·霍光传》“一时光雄居高位，盛名宇内。权要宫掖，尽出其门。”意思是说名望很高。

（三）中山珠绣时装

冯贽在《南部烟花记》中以“梁武帝造五色绣裙，加珠绳、珍珠为饰”描写了南北朝时期女性穿着的五彩珍珠裙，成为早期珠绣在服饰中应用的雏形。

中山市沙溪镇，又称“时尚服装小镇”。多年前，中山沙溪因衣服刺绣绽放在服装上的小世界而闻名，沙溪珠绣服装畅销美、法、意等国。沙溪的珠绣服装，用珍珠、玻璃珠或亮片缀钉于丝质衣料上，将传统的刺绣工艺及时地嫁接到了时尚服饰的设计中去，使古老的珠绣工艺渐渐焕发出历久弥新的生命力。

中山沙溪服装生产可谓历史悠久。《香山县志・道光志》曾记载：“妇女绩麻，双丝细缕织成者，号家机，自服，不以售人。女子勤者，嫁时必有数匹压栊。”当地童谣至清朝中期传诵至今：“溪下佬坐布机，坐烂屁股没药医”，说的就是沙溪典型的家织麻布小生产群落。20世纪70年代初，沙溪当地相继成立小型服装加工厂或珠绣厂，主要承接小批量来料加工生产，此时珠绣服装以出口加工为主。

1985年，中山沙溪组建高级时装厂，引进先进设备生产高级时装。1986年，马克・张实业（集团）公司[①]的厂长张肇达[②]创办“马克・张”品牌（图3–1–7），生产高级珠绣时装，代表中国参加国际时尚博览会。张肇达（图3–1–8）设计的多款真丝钉珠时装系列产品（图3–1–9）打进美国纽约第7大道国际市场展销，登此大雅之堂的，当时国内仅此一家。被巴黎传媒称所设计时装闯进世界最名贵时装行列，而张肇达也成为美国时装杂志首次发表时装设计作品的中国设计师。

图3–1–7 “马克・张”品牌

图3–1–8 张肇达

图3–1–9 珠绣时装

① 马克・张实业（集团）公司：原为沙溪制衣厂，属镇级小企业。开办以来一直成功地为欧美多个著名时装品牌设计、生产高档女装。

② 张肇达，广东省中山市沙溪镇厚山村人，画家，时尚艺术家，服装设计大师，国际中国美术家协会副主席，亚洲时尚联合会主席团主席，中国服装设计师协会副主席，国际武术家协会副理事长，清华大学美术学院兼职教授、中国美术学院客座教授、东华大学服装艺术学院兼职教授、天津工业大学顾问教授、法国国际艺术学院院士、空手道5段。同时也是中国第一代服装设计师的代表人物，是中国服装设计金顶奖第一位获得者。

二、珠绣胸针

（一）胸针

胸针，又称“胸花”，一种使用搭钩别在衣服上的珠宝或是佩戴在上衣上的针状小装饰品，也有人称之为“别针”。

胸针在诞生之初，专属于男性战士用来固定衣服的最佳工具。其相当于最早的纽扣，帮助古代人固定披挂缠裹式的衣服。男性战士用这些别针状的小东西固定自己的长袍，以便在任何时候都保持着勇者的威仪。米开朗琪罗①的作品《布鲁图斯胸像》②（图3-1-10），里面的人物就是用胸针固定自己的长袍的。

图3-1-10 《布鲁图斯胸像》

希腊罗马时代，胸针装饰上华丽的宝石，专属为骑士或王者的珠宝，中世纪以后，胸针才开始在女性群体中盛行。在西方国家，胸针也作为礼仪的一部分。胸针的佩戴方式灵活，可以毫无约束的造型创新，从20世纪20年代开始，就已经在珠宝中占有显著的地位。

按照材质分类，胸针可分为珍珠类的胸针、翡翠类的胸针、水晶类的胸针、绸缎类的胸针、金属类的胸针等。

（二）刺绣胸针

刺绣胸针（图3-1-11、图3-1-12），就是用刺绣工艺绣制而成的胸针。不同质地的胸针展现的风格有所不同，刺绣胸针采用传统的刺绣工艺，在几平方厘米大小的布料上绣制清新、文艺，或可爱的图案。几平方厘米的面积就可以展现出惊艳的作品。

（三）案例解读

西式礼节中有佩戴胸花一项。常见婚礼中，新郎、伴郎、招待、司仪的人都需要佩戴胸花。而新郎的胸花，通常是新娘捧花中的主花。新郎将捧花送给新娘，然后新娘自捧花中摘下一朵，别在新郎的胸前（图3-1-13）。其他来宾的胸花，以简单、小为原则。胸花和袋巾都是点缀，具有画龙点睛的效果，不要喧宾夺主。

图3-1-11 刺绣胸针

图3-1-12 珠绣胸针

图3-1-13 新郎胸花及新娘手捧花

① 米开朗琪罗·博那罗蒂（Michelangelo Buonarroti，1475年3月6日—1564年2月18日），意大利文艺复兴时期伟大的绘画家、雕塑家、建筑师和诗人，文艺复兴时期雕塑艺术最高峰的代表，与拉斐尔·桑西和达·芬奇并称为文艺复兴三杰。

②《布鲁图斯胸像》，大理石雕像，高74厘米，米开朗琪罗创作于公元1537—1538年，现收藏于佛罗伦萨国立美术馆。

（四）实践内容

图3-1-14 昆虫造型的刺绣胸针

1．制作一个昆虫造型的刺绣胸针（图3-1-14）

2．材料准备

（1）常用工具。

1）绣花针：9#。

2）胸针：圆形托盘一字针。

3）绣布：无纺布、单面粘合绒布。

4）绣线：金线。

5）黏胶：南宝树脂胶。

（2）实操时间。

40～60分钟。

（3）所需材料。（图3-1-15）

1）小圆钻。

2）大圆钻。

3）菱形钻。

4）水滴钻。

5）小珍珠。

6）直径4mm灰色亮片。

7）直径4mm幻彩亮片。

8）直径2mm透明亮片。

9）白色米珠。

10）金色米珠。

11）2mm长银色管珠。

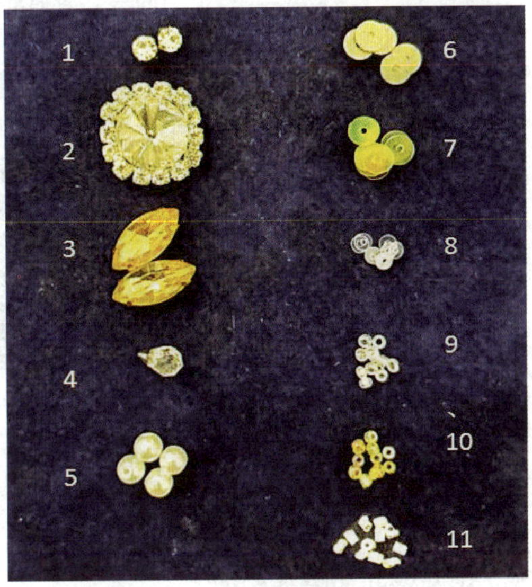

图3-1-15 材料示意图

（五）实践目标

（1）认知目标：①了解昆虫的造型方法。②掌握钻石、米珠和亮片的刺绣方法。③掌握珠绣在昆虫胸针中的运用方法。

（2）技能目标：①具备珠绣图案设计的能力。②具备刺绣在胸针上的设计应用能力。

（3）情感目标：①融入刺绣工艺，激发学习的热情和兴趣。②培养学生具备工匠精神、热爱劳动的职业素养。

（六）关键词

钉线法、锁针法、叠珠绣、简易绞绣法

（七）实践步骤

1．胸针的制作（图3-1-16）

1．按照昆虫造型裁出绣布和绒布

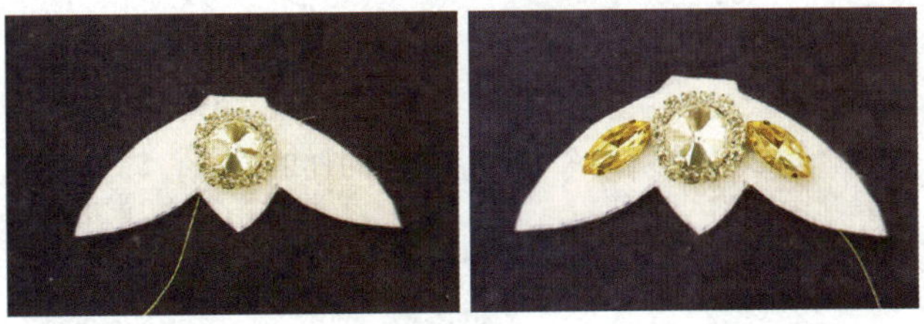

2．起针，留出眼睛的位置，在昆虫中心绣大圆钻。两翼绣菱形钻。定好昆虫的大造型，注意中正、左右对称（重点）

3．在右边翅膀贴近菱形钻底端用订线法绣3粒小珍珠

图3-1-16 胸针的制作

4. 用锁针法在珍珠下方绣满灰色亮片叠加透明亮片（难点）

5. 用叠珠绣的方法填满菱形珠上下空白位置，完成后收针；对照并在另一侧翅膀进行同样的刺绣操作

6. 用简易绞绣法将短管珠填满尾部造型，用叠珠绣在底端绣一颗水滴钻

7. 在头部左右两边分别绣一颗小圆钻作为眼睛，用简易绞绣法将管珠填满两眼中间空隙。打结，收针

8. 在一字针的圆形托盘正面涂上南宝树脂胶，粘合在昆虫无纺布的背面，撕开单面粘合绒布黏胶的那面，粘合在一字针圆形托盘的背面，用力压紧。完成

图3-1-16 胸针的制作（续）

2. 相关针法的操作图解

本次课所用重要针法为锁针法，具体操作如图3-1-17所示。

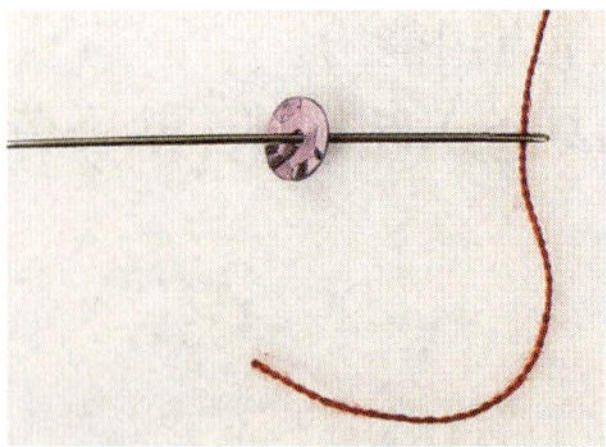

1. 线打结后，从底布正面刺出，将针从后往前穿过一个亮片中间的孔

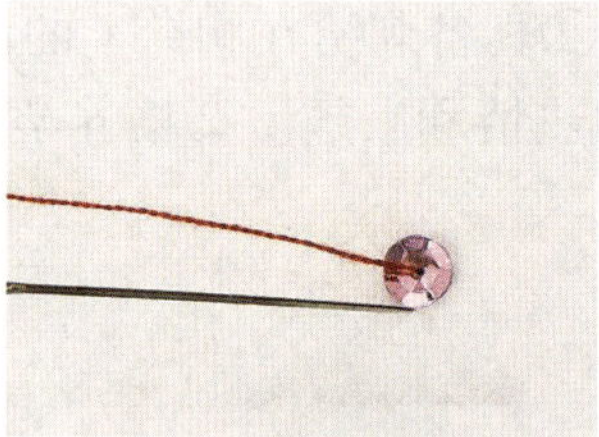

2. 使亮片沿线滑落到底布上并平放，然后将针在其半径下方刺入底布

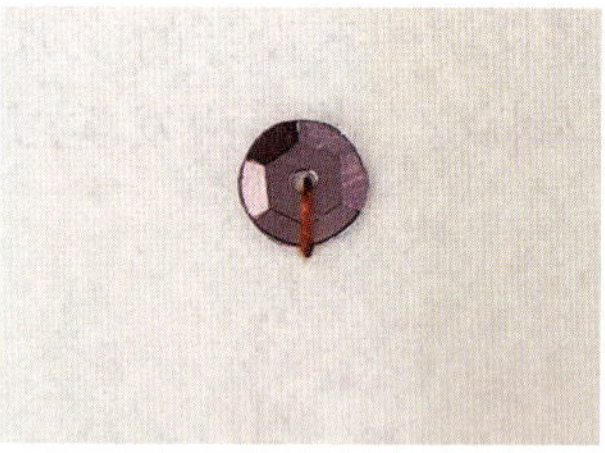

3. 抽针拉线，此刻亮片正面朝上

4. 针从亮片下方半径距离位置刺出，轻轻拉紧固定

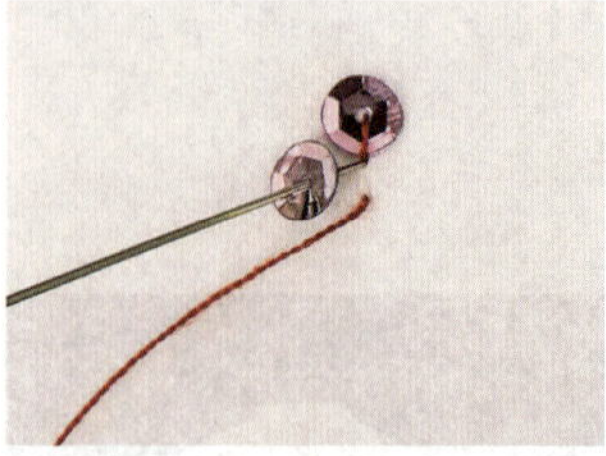

5. 穿第二个亮片，将针从前往后穿过亮片中间的孔，然后针尖刺入第一个亮片下方的切点

6. 抽针拉线，使第二个亮片叠在第一个的上面

7. 用同样的方法，针从亮片下方半径距离位置刺出，穿起第三个亮片，重复前面步骤绣亮片

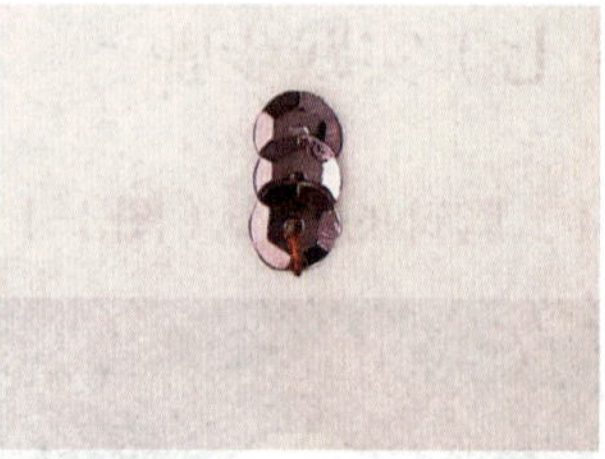

8. 确保所有亮片正面朝上，后一个叠在前一个之上，刚好覆盖线迹。环形收尾：此时针刚好在底布背面，打结，收针

图3-1-17 锁针法

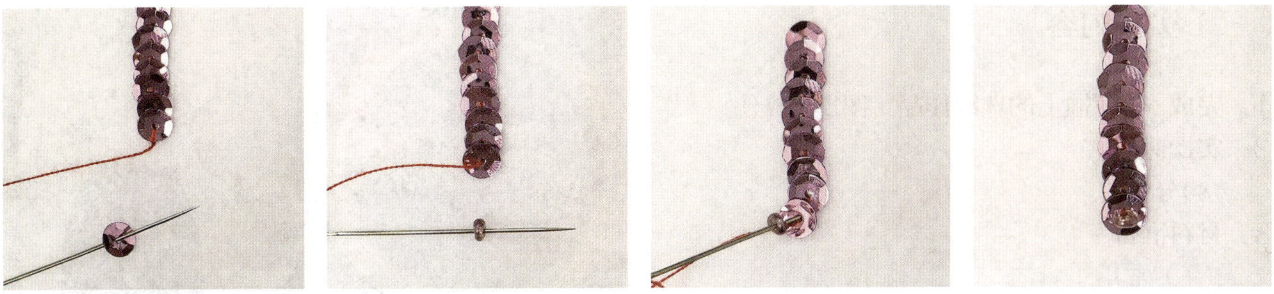

9. 非环形收尾：针尖从前一个亮片的切点刺出，将针从后往前穿过最后一个亮片中间的孔

10. 使亮片沿线滑落到底布上并平放，此刻亮片正面朝上，然后用针穿一粒米珠

11. 穿入米珠后，针尖刺入原来的上针点后，针回到底布背面

12. 抽针拉线，使米珠沿线滑落到亮片上，打结，收针

图3-1-17　锁针法（续）

（八）思考与讨论

昆虫胸针的造型十分精美有趣，这个造型是按哪种昆虫仿制的？你还能想出其他的昆虫造型吗？

昆虫胸针的造型是按飞蛾形态仿制的，还可以仿制蝴蝶、蜻蜓、蜜蜂、蜘蛛等。

三、珠绣T恤

（一）T恤

T恤（T-shirt音译名），据说起初只是以贴身内衣而登上历史舞台，后发展为外衣。其起源众说纷纭。一种说法是因这种衣服铺平后就是一个“T”字，故此得名。另一说法与航海有关，英国水手受命将内衣加上短袖以遮掩腋毛，避免皇室人员视察时看见腋毛有碍观瞻。还有一种说法则是17世纪马里兰州安纳波利斯卸茶的码头工人都穿这种短袖衫，人们把茶的英文“Tea”简化为“T”。T-shirt 一词真正被大众所接受是在1920年，《韦伯词典》第一次将它作为通用词收录。

第二次世界大战期间，T恤风靡美国。T恤的成功还在于圆领的风格，它甩掉了领带。20世纪60年代的T恤成为激进青年的制服，20世纪60年代末，T恤开始用扎染法、彩印法和丝绢印花法印上了宣传和平或抗议的标志。到20世纪70年代，T恤用以宣扬个人感情和哲学思想，支持政治候选人和推销消费品。在美国各地，素净的和扎染的T恤已经成为年轻人的必备服装。如今，T恤成了人们的日常便服。它可以简洁素净，也可以图文并茂，用来传达信息，甚至表现个人性格。

（二）珠绣T恤简介

将传统珠绣工艺表现在T恤上，营造出别样的时尚感，让T恤的面貌焕然一新，复古又有新潮感。这种技艺表现出来的图案非常美观和富有立体感（图3-1-18）。

图3-1-18　珠绣T恤

（三）实践内容

1．完成一幅T恤上的珠绣作品（图3-1-19）

2．实操时间

80分钟。

3．材料准备

（1）常用工具。

1）绣花针：9#。

2）绣绷：直径12cm圆形绣绷。

3）绣布：欧根纱。

4）绣线：金线。

5）黏胶：南宝树脂胶。

（2）所需材料（图3-1-20）。

1）珍珠：直径12mm半球仿珍珠。

2）珠光白色直径2mm米珠。

3）金色直径2mm玻璃米珠。

4）白色直径2mm玻璃米珠。

5）直径6mm银灰色亮片。

6）直径5mm金色亮片（10mm金色亮片未展示）。

7）直径6mm暖金幻彩亮片。

图3-1-19　珠绣T恤

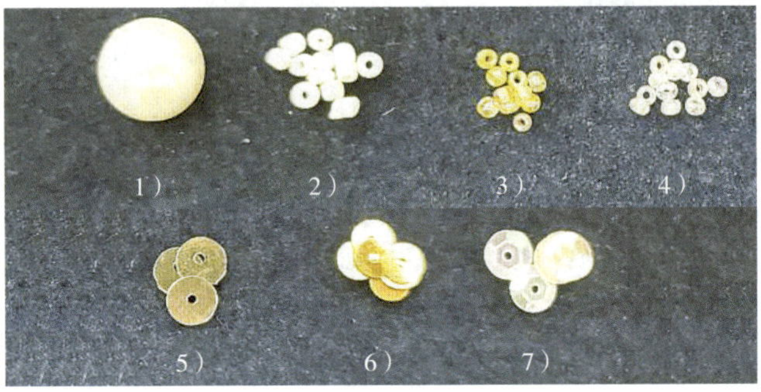

图3-1-20　珠饰材料示意图

（四）实践目标

（1）认知目标：了解T恤刺绣的注意事项，掌握米珠和亮片在欧根纱上的刺绣方法及珠绣在T恤中的运用方法。

（2）技能目标：具备珠绣图案设计的能力及刺绣在T恤上的设计应用能力。

（3）情感目标：融入刺绣工艺，激发学习的热情和兴趣；培养学生具备工匠精神、热爱劳动的职业素养。

（五）关键词

T恤、珠绣、图案

（六）实践步骤

1．T恤刺绣制作（图3-1-21）

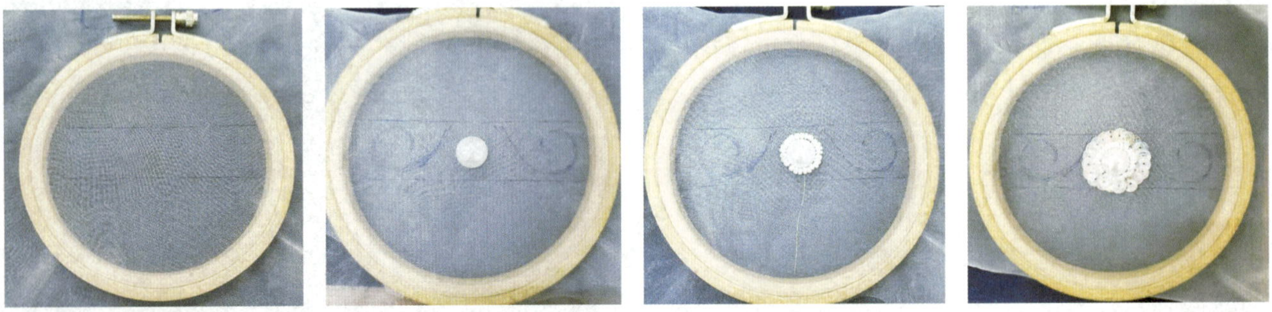

1. 把绣布固定在绣绷上，确保绣布紧绷平整。根据T恤大小，在绣布上用消色笔画出袋盖轮廓

2. 在珍珠底面涂上南宝树脂胶，粘合在轮廓线中间位置，作为中心。两边根据设计画出流线造型作为后续刺绣参考

3. 起针，在珍珠外面绣一圈环形米珠，用钉线法紧紧围绕珍珠绣一圈白色米珠，作为过渡

4. 在米珠外侧用锁针法绣一圈亮片花（重点），收针（欧根纱比较轻薄，此处收针是为了后续更方便操作）

图3-1-21　T恤刺绣制作

5. 重新起针，沿流线造型用锁针法绣银灰色亮片（难点：确保流线顺畅、美观）

6. 在流线旋转中心用叠珠绣方法依次叠加绣上直径10mm的金色珠片+幻彩亮片+金色米珠

7. 在剩余空白位置用叠珠绣方法绣上直径5mm的金色亮片和透明米珠，填满造型

8. 完成后收针，对照并在另一侧翅膀进行同样的刺绣操作，收针

9. 将完成后的袋盖造型用平针缝在T恤对应位置，完成

图3-1-21 T恤刺绣制作（续）

2. 相关针法的操作图解

本次课所用重要针法为钉线法，具体操作方法如图3-1-22所示。

1. 线打结后，将针从底布正面刺出，并穿起所需数量的珠子

2. 把线拉直，使珠子沿线滑落到底布上并平放，然后将针从上针位置刺入底布

3. 抽针拉线，在开头两颗珠子的后下方（圆圈外面）把针刺出

4. 抽针拉线，回到开头两颗珠子的后上方（圆圈里面）把针刺入底布

5. 抽针拉线，在下两颗珠子之后的圈内把针刺出，相同位置圈外把针刺入底布

6. 抽针拉线，继续用同样方法刺绣

7. 刺绣过程注意圆圈造型，线迹松紧适宜

8. 直至最后一颗珠子，把针刺回底布背面，打结收针

图3-1-22 钉线法

（七）思考与讨论

珠绣在T恤上进行造型设计时，要注意什么？

珠绣在T恤上进行造型设计时，要注意尽量选择重量较轻的珠料，注意刺绣手法，例如用亮片、米珠等比较轻便的材质珠料，选择亮片与米珠组合的刺绣手法。

第二节 皮雕

一、皮雕简介

图3-2-1 皮雕雕刻工艺

皮雕，是一种雕刻工艺（图3-2-1），其通过运用旋转刻刀、印花工具在皮革上进行划刻、推拉、挤压、敲击、创作等一系列加工形式，雕刻出不同的层次以表达不同的艺术效果，再经过定型、染色、上光、打蜡等程序，制作出远近高低、色彩深浅相宜、效果丰富的皮雕艺术作品。

皮雕工艺，作为以皮革为主要材料的雕刻工艺，利用皮革本身的特性，加水软化，并在皮革上进行雕刻、敲打。皮雕的工艺和技巧与木雕、竹雕的技法相似。只要一根画笔、一卷皮革、一柄刻刀，在皮雕的表面雕刻一些凹凸不平的、层次突出的平面作品、装饰图案或纹饰等（图3-2-2～图3-2-7）。

皮雕是一门非常古老的艺术，关于皮雕的起源，有几种说法：

一是最早可追溯至古埃及时期，那时候人们便已经开始在皮具上进行简单刻画，这是皮雕艺术的雏形。但由于时间太过久远，且相关的文物保存下来的数量极为有限，因此，那时的皮雕不被认为是真正意义上的皮雕。

二是皮雕起源于欧洲的文艺复兴时期，从中世纪起，欧洲已经出现一些具有浮雕样式的皮革器具。中世纪之后，皮雕艺术一度成为皇宫贵族声望与高贵身份的代表。而第二次世界大战以后，皮雕艺术才从日本传入了中国台湾，之后几年从台湾传入大陆地区，并生根开花、蓬勃发展。

三是皮雕最早可追溯到我国游牧民族逐水草而居的时期，源于原始人的狩猎活动，人们在获取肉食后，将带毛的兽皮晒干，用来遮蔽身体，进而不断扩大用途，发展为如今的装饰艺术品。《墨子》一书就有记载。殷商至春秋战国时期已有皮革制品和专门的研究机构及专门的制革工作。先秦时期的手工艺专著《周礼·考工记》中详细记载了皮革制作甲胄工艺，其言攻皮之工有五：函、鲍、韗、韦、裘。函人制造甲裳、鲍人制造兵器套、韗人制造鼓、韦人制造熟皮、裘人制造裘衣。唐代皮雕艺术发展最为发达。唐代到达封建社会鼎盛时期，经济贸易繁荣兴盛，文化艺术群芳争艳，皮雕艺术得到极大发展，形成独具风格的纹样。

皮革的主要来源地是牧场，因此皮雕工艺主要盛行于草原地区，它是来源于草原的工艺，是草原人生活的艺术，是牧民日常生活的习俗和审美观念相结合的产物，同时也与人们的宗教信仰有着密切联系。早在4世纪末的柔然就已经出现了皮雕艺术，到了辽代和蒙古汗国时期已经相对成熟。

一件皮雕作品的完成，需经过构思、绘图、描线、刻刀线、敲边，数十种印花工具的敲打、上

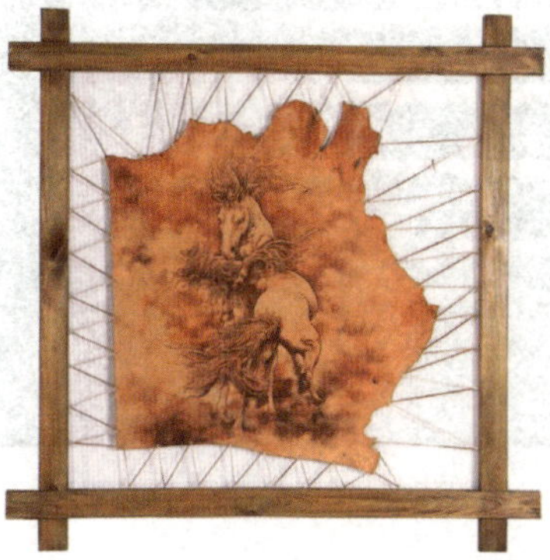
图3-2-2 皮雕《醉草原·戏》

图3-2-3 皮雕《醉草原·韵》

图3-2-4 皮雕作品（叶度羽）

图3-2-5 皮雕皮具（白宇东）

图3-2-6 皮雕骏马（玉龙）

图3-2-7 皮雕皮鞋（赵丹）

色、防染、手缝等几十道工序。皮雕的表现特征包括皮雕工艺特征、皮雕工艺的原材料特征以及皮雕工艺的图案特征三个方面。皮雕有缝线、起鼓、滚边、雕花四大关键技术。

皮雕凭借着它独特的艺术风格、复古优美的艺术形态深受人们喜爱，只要一根画笔、一卷皮革、一柄刻刀，许多耐人寻味的故事经过皮雕手艺人的妙手巧心，会被展现得栩栩如生。

二、《唐草相间》皮雕钥匙扣

（一）唐草相间

中山古称香山，是著名的侨乡。19世纪中叶起，一些西方建筑的古典复兴风格传入中山，给中山原有的建筑体系带来了许多影响，这也使得包括沙溪镇在内的中山地域近代建筑既具有岭南特色，又兼容西式风格，展现出丰富的艺术形态。其中，建筑护栏、柱子、屋檐等位置雕梁画栋，常常借鉴中西方纹样组合方式，采用具有吉祥寓意的唐草、花卉等图案进行细节装饰，颇具匠心（图3-2-8）。

图3-2-8 雕梁画栋

唐草的寓意美好，表示长久和茂盛。因为唐草是蔓生性植物，给人蔓蔓不断的感觉，所以人们也寄予了它一种茂盛、长久的寓意。同时，由于它的生命力、延伸力都非常强，还象征着繁荣和长寿。

（二）案例解读

唐草纹，也称卷草纹，兴起于汉代，兴盛于唐朝，是中国传统纹样之一，也是现今最为典型的皮雕纹样之一，多取忍冬、兰花、牡丹、荷花等花草，经处理后作“S”形或“C”形波状曲线排列，构成二方连续图案，花草造型多曲卷、圆润（图3-2-9）。

谢里丹风格为典型唐草纹皮雕风格之一。其纹样主要分花、卷草和大叶三部分，花卉、花心部分均使用固定的花心雕印制作，另外花托与花朵之间的位置自由度大，花托部分用圆点雕印与“Y”形纹与“S”形纹装饰，与周围其他茎干相区分。卷草部分的头部细而伸展，装饰纹理多采用蛇形纹。大叶部分通常两侧装饰纹样对称，其中花朵与大叶末端多用小号拇指纹装饰（图3-2-10）。

图3-2-9　唐草木作

图3-2-10　谢里丹风格皮雕

（三）实践内容

1. 实践内容

制作一个《唐草相间，匠心皮雕》皮雕钥匙扣（图3-2-11）。

此次采用皮雕技法与基础唐草图案相结合，制作皮雕钥匙扣，需要掌握皮雕的基础步骤和基础方法，能够针对不同纹样细节，选用不同敲边和印花工具进行皮雕图案造型的处理。

图3-2-11　《唐草相间，匠心皮雕》钥匙扣

2. 实操时间

90分钟。

3. 材料准备（图3-2-12）

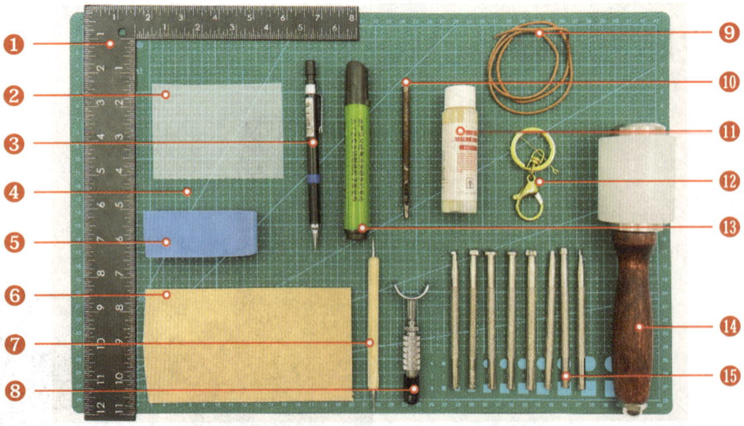

图3-2-12　工具和材料分析图

1. 尺子
2. 拷贝纸
3. 铅笔
4. 自愈垫板
5. 超密海绵（湿水后用于打湿植鞣革，使植鞣革变软）
6. 原色植鞣革（至少10cm × 5cm）
7. 描线铁笔（用于将拷贝纸的图案复制在植鞣革上）
8. 旋转刻刀（雕刻线条用）
9. 牛皮绳（用于编织结绳，装饰成品钥匙扣）
10. 冲子或皮革打孔工具（额外需要冲字垫）
11. 封边液（用于封边，让皮革边缘圆润紧实，额外需要打磨棒）
12. 钥匙扣五金
13. 清洗笔（用于清洗在皮雕过程中因操作失误在皮革表面产生的污渍）
14. 皮雕锤
15. 敲边工具和印花工具

（四）实践目标

（1）认知目标：了解唐草纹样的基础造型方法；掌握旋转刻刀和印花工具的使用方法；同时掌握不同印花工具在唐草纹造型中的运用方法。

（2）情感目标：融合地域文化和皮雕工艺，激发学生学习的热情和兴趣；培养学生具备精益求精的工匠精神和热爱劳动的职业素养。

（3）能力目标：具备唐草纹组合设计的能力及皮雕工具在唐草图案制作的应用能力。

（五）关键词

皮雕、唐草造型、敲边、印花

（六）实践步骤

（1）图案设计。根据钥匙扣尺寸要求，设计唐草图案线稿（图3-2-13）。

图3-2-13　设计线稿

（2）裁剪湿润。裁剪图案大小的植鞣革，运用干净的湿水海绵湿润皮料，这样可以使皮革变得柔软，更易雕刻。通常情况下，含水量越高，皮革越柔软。仅需几分钟时间，海绵的擦痕便会消失，触摸皮革表面有湿润感。

（3）拷贝描线。运用铅笔将图案拷贝在拷贝纸上。将绘好图案的拷贝纸覆盖在皮料上，运用描线铁笔将图案描印在皮料上（图3-2-14）。

图3-2-14　植鞣革描线效果

（4）雕刻线条。运用旋转刻刀分别对花朵、叶子进行雕刻。初次使用旋转刻刀时，注意提前磨刀开封处理。雕刻时用拇指和中指握住刀柄，将食指的第一指节搭在轴上，用以控制切割深度；将小指抵在皮革上充当切割时的支撑点；拇指、中指和无名指主要握住刀头防滑部分，用以控制切割的方向。在雕刻过程中，手要稍微前倾，控制切割深度为皮革厚度的1/3或1/2，同时，刀刃所在的平面应与皮革垂直。由于旋转刻刀的刀刃是双面的，只有垂直切割皮革，其切面才能呈均等的“V”形，切割的线条才漂亮。

旋转刻刀用法和雕刻效果如图3-2-15、图3-2-16所示。

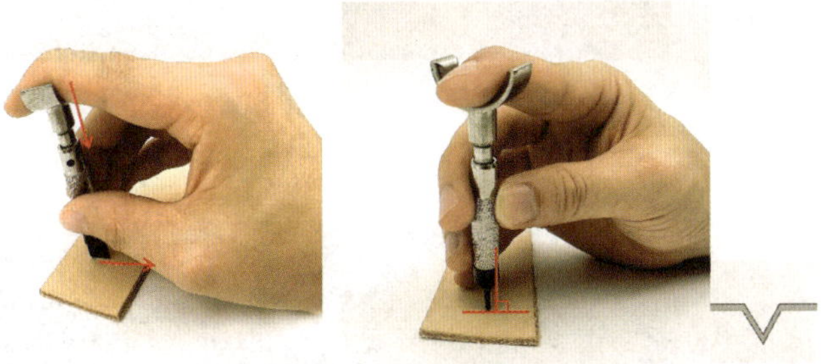

图3-2-15　旋转刻刀用法

图3-2-16　旋转刻刀刻线效果

（5）敲边印花。借助皮雕锤和不同的印花工具，将皮料放置在隔音胶垫上，运用不同角度、不同力度进行敲打，敲打出立体花纹，或增加不同纹理效果。用皮雕锤进行敲边或印花时，每次移动1~2mm，尽量保持印花垂直于皮革，均匀用力，连续敲打。让印花工具像在切割线上滑动一般一点一点移动，便可形成平滑的印花。若两次移动的间隔较大，花纹容易出现起伏。敲打时根据立体程度调整力度，可形成不同深度的肌理。通过控制敲边或印花的敲打夹角α，也可以形成不同的敲打区域（图3-2-17）。

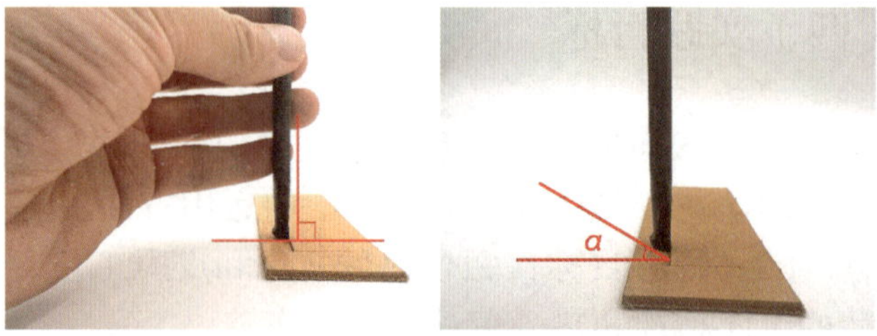

图3-2-17　敲边和印花工具用法

①敲边。用敲边工具对图案轮廓进行敲打，塑造基本立体效果。这里需要根据花朵花瓣与叶片的叠加顺序和叠加效果进行敲边，先主后次，注重层次。先用大号光面敲边工具进行大线条敲边处理；再用小号光面敲边工具进行线条尖角和急促弧线位置处理。最后，用具有纹理的中号敲边工具进行细节纹理的强化（图3-2-18）。

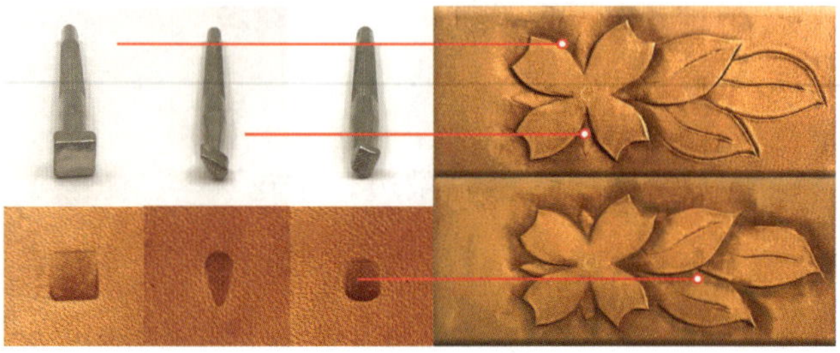
图3-2-18　敲边工具的使用顺序

②印花。运用不同印花工具对花朵、叶片等位置进行纹理处理。

花朵印花工具的使用顺序：首先，用大花心印花工具进行花心处理，力度可以重一些；其次，用小花心印花工具进行花心中心的重点修饰，加深花心的立体效果（图3-2-19）；再次，用中号放射纹印花工具对花心周边的花瓣进行纹理进行处理；最后，用大号放射纹印花工具对花瓣进行重点加强（图3-2-20）。

叶片印花工具的使用顺序：使用旋转刻刀增加叶脉。运用不同印花工具对叶片等位置进行纹理处理。先用单孔排珠印花工具进行叶脉圆点效果处理；再用特殊印花工具——叶片印花工具进行叶子组合效果处理（图3-2-21）。

（6）上色和冲孔。等皮料干透之后，可以运用酒精颜料进行染色处理和固色防染；若要保持原色效果，直接进行固色防染即可。之后，运用冲子和垫子或皮革打孔器在皮料相应位置打出孔位（图3-2-22）。

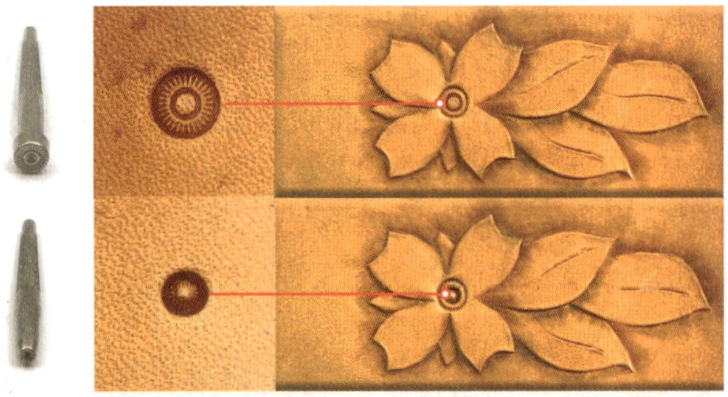
图3-2-19　花心处理

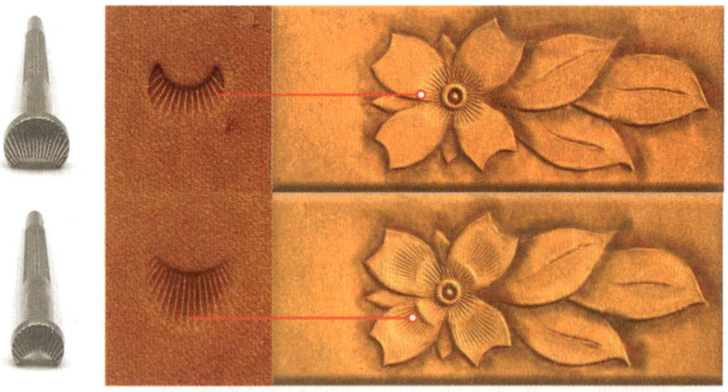
图3-2-20　花瓣处理

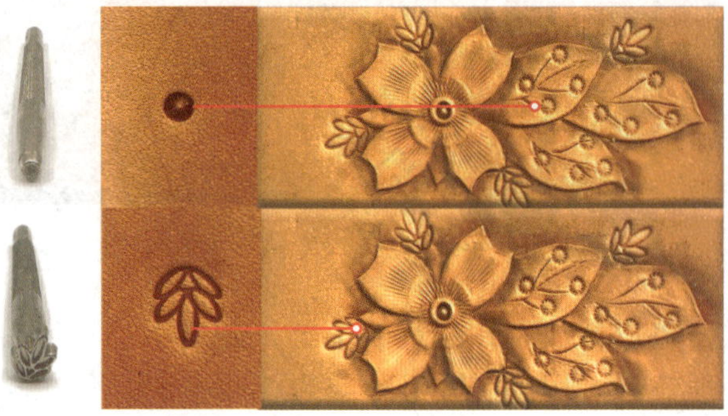
图3-2-21　叶片印花工具处理

图3-2-22　钥匙扣裁剪冲孔效果

（7）封边和修饰。根据造型需要（可以是设计图稿的半椭圆形，也可以采用矩形），使用裁皮刀或美工刀裁出最终造型。运用砂纸条进行边缘抛光，使用封边液对皮料边缘进行封边，再使用打磨棒进行边缘打磨和封边。之后使用钥匙扣和牛皮绳组合，进行钥匙扣整体效果处理（图3-2-23）。

图3-2-23 皮雕钥匙扣成品效果

（七）思考与讨论

本节课采用了基本唐草造型，是否可以对使用的唐草图案进行设计变形？是否可以通过不同的印花工具形成不同的皮雕造型效果？

思考方向：考虑唐草图案的视觉焦点设计，加强点、线、面的效果，可尝试用不同的印花工具进行皮雕表达。

三、《云鹤逐月》皮雕杯垫

（一）云鹤逐月

“饮之太和，独鹤与飞”“缑山之鹤，华顶之云”，在《二十四诗品》中，司空图用“鹤”来形容冲淡和飘逸两种诗品，足见鹤意象代表了中华传统文化中飘逸淡泊、灵动脱俗之美。不少文人墨客将鹤作为重要素材来为他们的作品表情达意，例如宋代牧溪法师的《观音猿鹤图》（图3-2-24），寥寥几笔，便充分表达了禅意。在中山沙溪鹤文化中，以鹤舞作为典型的表演活动。鹤舞动作丰富，常常伴有足尖立起、起飞上岩、转身急步、修身整羽、云鹤逐月、与蚌同嬉、惊鹤捕鱼、鹤蚌相争等典型动作和形态，将白鹤的习性姿态与渔民生活融于一体，生动有趣，饶有韵味，具有很强的象征意义及观赏价值。

图3-2-24 （宋）牧溪法师《观音猿鹤图》

（二）案例解读

“鹤鸣人长寿”。鹤是长寿的象征，中国传统文化道教的先人多数是以仙鹤或者神鹿为座骥。鹤，性情雅致，形态美丽，素以喙、颈、腿“三长”著称，直立时可达1m多高，看起来仙风道骨，被称为“一品鸟”。运用皮雕进行仙鹤造型时，一方面，需要注重其身体线条的雕刻手法，强调其美观性；另一方面，需要极其重视其羽毛、神态等细节的处理，强调其层次感。因此，为了处理好鹤造型，通常需要借助不同敲边印花工具对仙鹤的外形线条进行处理，借助旋转刻刀进行羽毛细节雕刻，以此提升成品的精致感（3-2-25）。

图3-2-25 皮雕作品《云鹤》

（三）实践内容

1. 制作一个《云鹤逐月》皮雕杯垫（图3-2-26）

本次任务采用皮雕技法与云鹤逐月图案相结合，制作一个皮雕杯垫，需要知悉其皮雕图案的制作步骤，根据不同纹样细节设计点，选用不同敲边和印花工具进行云鹤造型的处理。

图3-2-26 《云鹤逐月》皮雕杯垫

2. 实操时间

60分钟。

3. 材料准备（图3-2-27）

图3-2-27 工具和材料分析图

（四）实践目标

（1）认知目标：了解《云鹤逐月》纹样的基础造型方法；掌握旋转刻刀和印花工具的使用方法；同时掌握不同印花工具在造型中的运用。

（2）情感目标：将皮雕技艺和中山本土鹤文化相融合，激发学生的学习兴趣；培养学生精益求精的工匠精神、热爱劳动的职业素养。

（3）能力目标：具备鹤文化元素设计的能力及皮雕工具在鹤图案上的设计运用能力。

（五）关键词

皮雕、云鹤逐月、敲边、印花

（六）实践步骤

（1）图案设计。根据杯垫的尺寸要求，设计《云鹤逐月》图案线稿（图3-2-28）。

图3-2-28 《云鹤逐月》图案线稿

（2）裁剪湿润。裁剪匹配图案尺寸的植鞣革，大小为10cm×10cm。用干净的湿水海绵湿润皮料，逐步使皮革柔软易雕刻。1～2分钟后，海绵的擦痕逐渐消失，皮革表面有湿润感，即可开始下一步操作（图3-2-29、图3-2-30）。

图3-2-29　以超密海绵打湿植鞣革

图3-2-30　植鞣革打湿效果

（3）图案拷贝。可以运用拷贝纸将图案进行拷贝，再将绘好图案的拷贝纸覆盖在皮料上，用描线铁笔将图案描印在皮料上。也可以先用透明胶贴在绘制好的图案上，再将图案直接覆盖在皮料上进行拷贝，这样可以避免在拷贝图案时被描线铁笔划破，起到保护初始图案的作用（图3-2-31、图3-2-32）。

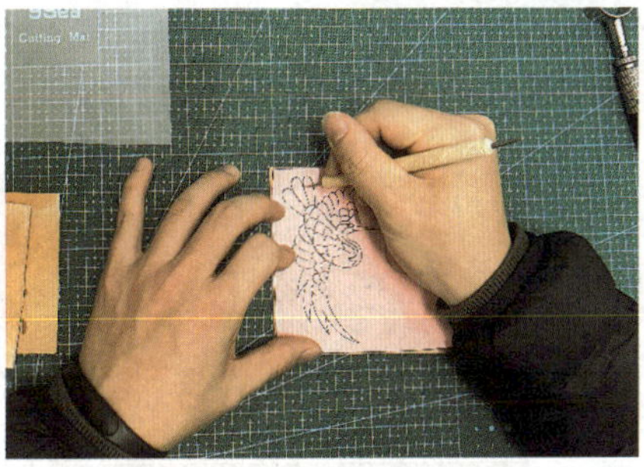

图3-2-31　描线铁笔描线

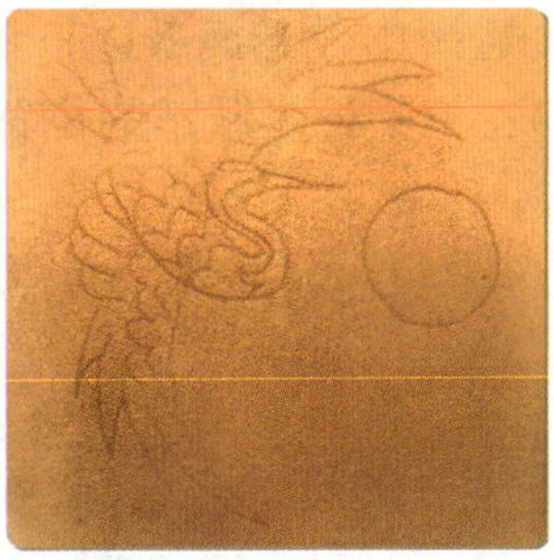

图3-2-32　植鞣革描线效果

（4）雕刻线条。运用旋转刻刀对图案进行雕刻，雕刻时注意保持线条饱满圆润、轻重缓急。具体雕刻线的位置为云鹤的外轮廓、云鹤大的毛羽、月亮外轮廓等（图3-2-33、图3-2-34）。

图3-2-33　旋转刻刀雕刻线

图3-2-34　植鞣革雕刻线效果

（5）运用大号敲边印花工具对图案轮廓进行大线条敲边，塑造基本造型和立体效果，先主后次。敲打时注意控制不同力度，形成不同层次的线条（图3-2-35）。

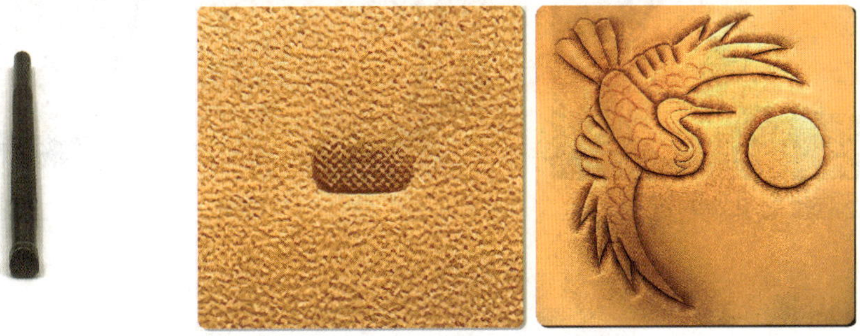

图3-2-35　大号敲边印花工具用法及大线条敲边

（6）运用小号敲边印花工具对图案转角细节进行敲边处理，尤其是羽毛圆角尾端等线条转弯急促的位置，注意线条的饱满性（图3-2-36）。

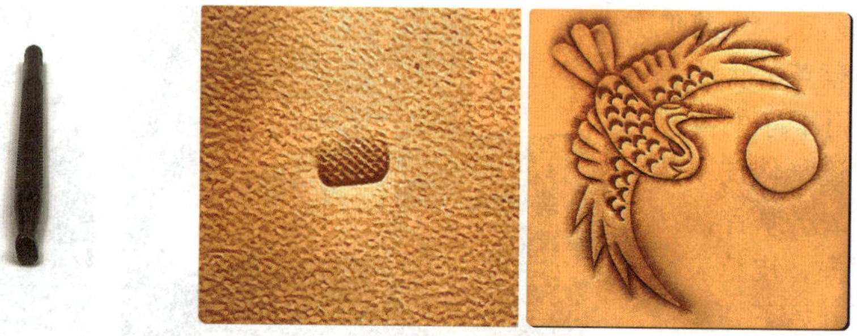

图3-2-36　小号敲边印花工具用法及羽毛线条敲边

（7）运用中号光面敲边工具修饰边线，处理脖子、嘴巴等位置，提升线条的美观度。同时借助椭圆形印花工具处理眼睛的位置（图3-2-37）。

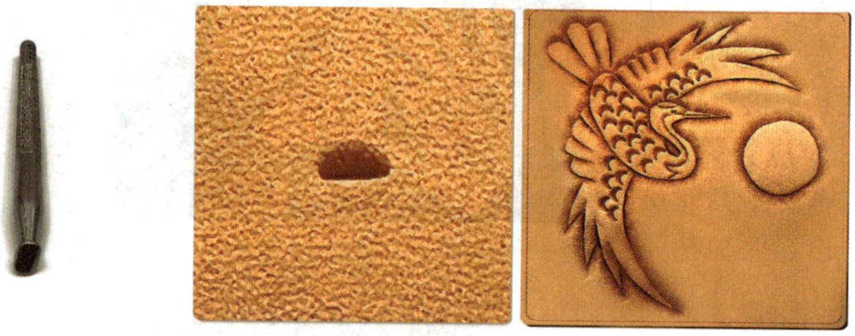

图3-2-37　中号光面敲边印花工具用法及细节敲边

（8）修整装饰。根据造型需要，使用压擦器进行压擦，添加层次，同时，可以使用旋转刻刀雕刻羽毛细节，追加肌理。最后，使用裁皮刀或美工刀裁出最终造型。

（9）上色固色。等皮料干透之后，可以运用酒精颜料进行染色处理和固色防染处理；若要保持原色效果，直接进行固色防染即可（图3-2-38、图3-2-39）。

（10）封边抛光。运用砂纸条进行边缘抛光，使用封边液对皮料边缘进行封边，再使用打磨棒进行边缘打磨，成品效果见图3-2-40。

图3-2-38　防染固色处理

图3-2-39　防染固色效果

图3-2-40　《云鹤逐月》皮雕杯垫成品效果

（七）思考与讨论

本节课采用了基本的“云鹤逐月”的造型，是否可以对使用的相关纹样进行组合设计？是否可以通过不同的印花工具形成不同的皮雕造型效果？

思考方向：考虑云鹤图案的再设计和新的印花样式处理，例如可以增加祥云图案的造型设计，增添皮雕图案的层次；也可以尝试用其他的印花工具进行皮雕肌理表达。

[1] 惊艳华夏：汉服与中国传统文化［OL］. https://www.sohu.com/a/237960281_776090.

[2] 商越. 汉服里的文化密码［N］. 辽宁日报，2021（5）：15.

[3] 陶辉. 礼仪之邦的衣冠表情——武纺大教授陶辉谈中国传统服饰文化与汉服时尚［J］. 湖北日报，2021（6）.

[4] 尹文君. 汉服之美，风雅一身——浅析汉服文化现状与发展［OL］. http://www.360doc.com/content/19/0330/23/17796044_825387655.shtml.

[5] 朱文杰. 唐墓壁画《观鸟捕蝉图》［OL］. http://blog.sina.com.cn/s/blog_71513d960102y9xk.html.

[6] 郑俊辉，叶源. 新媒体时代传统文化在短视频传播中的运用探究——以抖音短视频平台为例［J］. 声屏世界，2020（20）：102-103.

[7] 唐启政，刘荣. 文化自信背景下优秀传统文化融入高校思想政治教育的创新探索［J］. 创新创业理论研究与实践. 2020，3（14）：110-111.

[8] 上衣下裳［OL］. https://www.360kuai.com/pc/96f71871d7078e1d7?cota=4&kuai_so=1&tj_url=so_rec&sign=360_57c3bbd1&refer_scene=so_1.

[9] 汉服四大基本形制-衣裳制、深衣制、袍服制、襦裙制［OL］. https://www.360kuai.com/pc/900567d394cfbeb9b?cota=4&kuai_so=1&tj_url=so_rec&sign=360_57c3bbd1&refer_scene=so_1.

[10] 汉服（汉民族传统服饰）［OL］. https://baike.baidu.com/item/%E6%B1%89%E6%9C%8D/160368?fr=aladdin.

[11] 缠花，绽放在指尖的传统艺术［OL］. https://www.zhongguojie.org/article-4000-1.html.

[12] 缉（360国学）［OL］. https://guoxue.baike.so.com/query/view?title=%E7%BC%89&type=word.

[13] 王颖. 珠宝传奇——点翠［J］. 视界观，2018（2）：112-114.

[14] 胡洁. 民间工艺——点翠的前世今生［J］. 福建茶叶，2020（2）：121-122.

[15] 杨润佳. 基于点翠现状的非物质文化遗产的发展研究［J］. 现代商贸工业，2019（27）：71-73.

[16] 见素. 中国珠宝首饰工艺最高水平——点翠［J］. 天工，2019（9）：16-21.

[17] 涂雨铮. 解析导演视角下粤剧改革发展策略［J］. 艺术品鉴，

2021（14）.
[18] 姜蕾歌. 粤剧文化符号与视觉设计教育的跨界研究［J］. 戏剧之家，2020（6）：6-9.
[19] 伍俐行. 粤剧脸谱的色彩研究［J］. 文艺生活·（文艺理论），2018（8）：156.
[20] 中国剪纸［OL］. https://baike.baidu.com/item/%E4%B8%AD%E5%9B%BD%E5%89%AA%E7%BA%B8/397259?fromtitle=%E5%89%AA%E7%BA%B8&fromid=28949&fr=aladdin.
[21] 粤剧的头饰［OL］. http://www.xi-qu.com/yueju/hz/127.html.
[22] 沙溪四月八民间艺术大巡游［OL］. http://shop.bytravel.cn/produce4/shaxisiyueba.html.
[23] 李昀茜. 舞蹈学视野下的舞狮艺术探究［J］. 文艺生活·文海艺苑，2016（4）.
[24] 醒狮［OL］. https://baike.baidu.com/item/%E9%86%92%E7%8B%AE/204153?fr=aladdin.
[25] 陆雪文，潘家坪. 中国刺绣的应用与创新［J］. 大众文艺（学术版），2020（4）：26-27.
[26] 李艳，陆梅，陈月萍. 传统刺绣的衍生与创新［J］. 轻纺工业与技术，2020（10）：142-143.
[27] 梁华伟，李明磊，张沛. 舞龙舞狮运动研究［J］. 运动，2017（23）：155-156.
[28] 舞龙 - 民俗文化［OL］. https://baike.so.com/doc/59187-62230.html.
[29] 张小华. 衍纸民族化——海南衍纸工艺品应用探析［J］. 设计，2016（12）：116-117.
[30] 黄蕴晴. 建立民俗博物馆 传承优秀传统文化——试论建立中山市民俗博物馆的可行性［J］. 神州民俗（学术版），2016（15）：41-44.
[31] 舞姿翩跹的沙溪鹤 | 鹤舞［OL］. https://www.sohu.com/a/129459668_507391.
[32] 瑞克·比奇. 折纸大全［M］. 张舟娜，译. 哈尔滨：黑龙江科学技术出版社，2007.
[33] 棒棒糖童书馆. 创意折纸大全［M］. 北京：中国纺织出版社，2015.
[34] 丁德科，王昌民. 红色精神百年史述论［OL］. http://www.xml-data.org/wnsfxyxb/html/794dedb8-0033-4e43-aa65-

cbe8cf91386d.htm.
[35] 12种革命精神，彰显中国共产党人的信仰底色. 引自人民网［OL］. https://baijiahao.baidu.com/s?id=1670809586137890538&wfr=spider&for=pc.
[36] 红色精神［OL］. https://baike.baidu.com/item/%E7%BA%A2%E8%89%B2%E7%B2%BE%E7%A5%9E/10241667?fr=aladdin.
[37] 吴小晋，孙彬. 略论团一大历史经验对共青团工作的启示［J］. 才智，2014（15）.
[38] 中国共产主义青年团［OL］. https://baike.baidu.com/item/%E4%B8%AD%E5%9B%BD%E5%85%B1%E4%BA%A7%E4%B8%BB%E4%B9%89%E9%9D%92%E5%B9%B4%E5%9B%A2/405736?fr=aladdin.
[39] 澳门：孙中山走向世界的第一站. 南方都市报［引用日期2019-12-10］.
[40] 孙中山三莅津门. 中国共产党新闻网［引用日期2019-12-10］.
[41] 孙中山［OL］. https://baike.baidu.com/item/%E5%AD%99%E4%B8%AD%E5%B1%B1/128084?fr=aladdin.
[42] 中山十大红色旅游景点［OL］. http://www.gongsilvyou.cn/newsdetail_2598394.html.
[43] 粤绣［OL］. https://baike.baidu.com/item/%E7%B2%A4%E7%BB%A3/300506?fr=aladdin.
[44] 非物质文化遗产——粤绣［OL］. http://www.360doc.com/content/17/1106/16/4958641_701400653.shtml.
[45] 千年广绣盼传承　末代“花佬”觅男徒. 新浪［引用日期2018-07-01］.
[46] 四大明绣之一潮绣欣赏［OL］. http://www.360doc.com/content/20/0306/00/13020443_897123273.shtml.
[47] 丰蔚. 材料语境下的珠绣装饰工艺探究［J］. 丝绸，2019，56（1）.
[48] 潮绣［OL］. https://baike.baidu.com/item/%E6%BD%AE%E7%BB%A3/891098?fr=aladdin.
[49] 宣臻. 珠绣工艺形态研究［J］. 流行色，2019（2）：83-84.
[50] 周汛. 中国衣冠服饰大辞典［M］. 上海：上海辞书出版社，1996.
[51] 胸针的意思 - 汉语词典 - 千篇国学. 千篇国学［引用日期2020-10-19］.

[52] 胸针文化简史（图）. 光明云媒综合［OL］. http://roll.sohu.com/20111202/n327718606.shtml.

[53] 刺绣胸针［OL］. https://wenku.baidu.com/view/81307e7cf7335a8102d276a20029bd64783e6268.html.